FÜHRUNG 4.0 - IN DEN HYBRIDEN ARBEITSWELTEN DER DIGITAL ECONOMY

Anforderungen im Digital Leadership
an C-Level Führungskräfte

Andreas Purkarthofer

Eigen

ISBN: 978-3-200-08384-4 Ebook
ISBN: 978-3-200-08385-1 Print

DANKE!

*An dieser Stelle möchte ich mich bei folgenden Personen
bedanken:*

*Meinen Interviewpartnern für ihre Zeit, ihre Offenheit und die
wertvollen Beiträge.*

*Meinen großartigen Töchtern für ihre Hilfe bei Transkription
und Lektorat, sowie guten Ratschlägen.*

*Meiner wunderbaren Frau für ihre Unterstützung, die
Aufmunterungen, die Geduld, den Input und das Feedback.*

„Let us invest in and embrace technology; it makes progress possible. But technology does not free us of the need for leadership; it makes leadership all the more important".

KOFI ANNAN

INHALT

VORWORT

Viele Jahre in Führungspositionen als Bereichsleiter, Geschäftsführer und schließlich als Interimsmanager haben mich vor vielfältige Anforderungen in der Führung von Mitarbeiter*innen gestellt. Immer wieder kamen in mir Zweifel auf, ob das, was ich hinsichtlich Führungsstils und Managementmethode praktiziere, richtig und wirksam ist.

Aus der Praxis kommend war es für mich naheliegend, im Studium ein Thema zu wählen, dass meine Fragen aus einem anderen Blickwinkel betrachtet. Da mein Weg in der Technik bzw. in der IT-Branche seinen Anfang nahm und mich danach in kaufmännische Bereiche geführt hat, erschien mir die Wahl des Themas Führung und Digitalisierung als gute Ergänzung meines Werdeganges. Mein Interesse an den theoretischen Hintergründen für Führung in hybriden Arbeitswelten, sowie den dafür erforderlichen Kompetenzen hat mich schließlich zu: „Führung 4.0 in den hybriden Arbeitswelten der digital Economy – Anforderungen an C-Level Führungskräfte österreichischer Unternehmen" geführt.

PROLOG

Die Entwicklung digitaler Technologien, unvorhersehbare Wirtschaftsentwicklungen und die Covid-19 Pandemie verändern das Arbeitsumfeld in Unternehmen erheblich und schaffen damit neue Anforderungen an die Kompetenzen von Führungskräften. Bei den bisherigen Forschungen auf dem Gebiet des digitalen Leadership wurde der Zusammenhang zwischen dem Einfluss der Digitalisierung, den sich disruptiv verändernden Arbeitswelten, sowie den neuen Anforderungen an Führung in der Wechselwirkung nicht hinreichend untersucht. Daher fehlt ein klares Kompetenzprofil für Führungskräfte in diesem Spannungsfeld.

Als Untersuchungsmethode wird zunächst eine Literaturrecherche gewählt, um auf dieser Grundlage im Rahmen einer empirischen Untersuchung entsprechende Fragestellungen für qualitative, leitfadengestützte Interviews zu entwickeln. Anschließend wird aus den Ergebnissen ein Anforderungsprofil für Führungskräfte für das Führen 4.0 in der hybriden Arbeitswelt der Digital Economy extrahiert.

Aus den Ergebnissen der Primär- und Sekundärforschung wird ein Konzept in Form einer Kompetenzmatrix mit Handlungsempfehlungen skizziert, aus dem hervorgeht, welche Kompetenzen die Führungskräfte österreichischer Unternehmen benötigen, um wirksame Führung unter den derzeitigen Rahmenbedingungen zu ermöglichen.

Mit der qualitativen Empirie werden zwar Erkenntnisse zur Führungsliteratur, sowie Aspekte mittels Interviewauswertung gewonnen, aber einschränkend ist zu nennen, dass sich die untersuchte Stichprobe auf C-Level Führungskräfte in österreichischen Unternehmen bezieht und die abgeleiteten Handlungsempfehlungen noch nicht in der Praxis umgesetzt worden sind.

Folgeuntersuchungen können die erzielten Ergebnisse und deren Übertragbarkeit auf andere Job-Level oder Länder über eine quantitative Studie mit anschließender statistischer Auswertung auf Belastbarkeit prüfen.

Keywords: #Digitalisierung, #Führung 4.0, #Kompetenzen, #VUCA

1 EINLEITUNG

„Let us invest in and embrace technology; it makes progress possible. But technology does not free us of the need for leadership; it makes leadership all the more important" (Annan, 2015).

Das sagte Kofi Annan, der ehemalige UN-Generalsekretär und Friedensnobelpreisträger, in seiner Keynote Speech beim 30th Anniversary des Massachusetts Institute of Technology (MIT) Media Lab. Er plädiert für die Investition in Technologie, um Fortschritt möglich zu machen und unterstreicht dabei die Wichtigkeit von Führung vgl. (Annan, 2015).

Unser Verständnis von Digitalisierung hat sich in den letzten Jahren grundsätzlich verändert, da Volumen, Geschwindigkeit und Vielfalt nahezu explodiert sind. Es werden neue Methoden von Wissenserwerb erforderlich, um dem höheren Innovationstempo Rechnung zu tragen vgl. (Brynjolfsson & McAfee, 2014, pp. 55-59).

Einen Wendepunkt in der digitalen Transformation stellte die COVID-19 Pandemie dar, da wir durch diesen Umstand schnell lernen mussten, unser Leben komplett umzustellen. Einkaufen, Kontakte pflegen, arbeiten und vieles andere tun viele von uns nun virtuell. Für Unternehmen scheiterte die Ausschöpfung des Potentials der digitalen Transformation früher immer wieder. Mittlerweile lässt sich jedoch feststellen, dass sich die Regeln für den wirtschaftlichen Erfolg wesentlich geändert haben und dieser immer stärker von der Nutzung digitaler Modelle abhängt. Gleichzeitig bietet sich die Chance für Führungskräfte die veränderten Rahmenbedingungen für einen neuen Kurs in der digitalen Transformation zu nutzen, um Wertschöpfung langfristig zu gewährleisten vgl. (World Economic Forum, 2020).

Laut einer Studie der Europäischen Kommission im Index für

digitale Wirtschaft und Gesellschaft haben sich im Zeitraum der Pandemie die grundlegenden digitalen Kompetenzen der Internetuser geringfügig verbessert, während jene der IKT-Fachkräfte sogar wesentlich besser geworden sind. Im Gegensatz dazu war die Verbesserung 2015 mit 55% und 2019 mit 58% eher gering. Außerdem mangelte es einem großen Teil der EU-Bevölkerung dennoch an für den Arbeitsplatz erforderlichen digitalen Kompetenzen vgl. (Europäische Kommission Index für die digitale Wirtschaft und Gesellschaft (DESI), 2020).

Dies änderte sich jedoch aufgrund der weltweiten Maßnahmen zur physischen Distanzierung, da Unternehmen verstärkt Digitaltechnik einsetzen und alternative Arbeitsregelungen einführen mussten. Kleine und mittlere Unternehmen (KMU) ohne implementierte digitale Lösungen stellt sich im Zuge dessen vielen Herausforderungen, da zu wenig digitale Kompetenz sowohl bei den Eigentümer*innen, als auch bei den Führungskräften und den Beschäftigten vorhanden ist. Dadurch zeigten sich große Unterschiede in der Integration digitaler Technologien, je nach Unternehmensgröße, Sektoren und Branchen. Großunternehmen etwa nutzen bereits fortschrittliche Cloud-Dienste und Big Data Analytics, während die Mehrheit der KMU keine Nutzung dieser Technologien angab. vgl. (Europäische Kommission Index für die digitale Wirtschaft und Gesellschaft (DESI), 2020).

In Österreich wurden seit 2020 zahlreiche Maßnahmen initiiert, um die digitalen Kompetenzen der Bevölkerung zu steigern. Für die Bereitstellung digitaler Trainings zeichnet das Bundesministerium für Digitalisierung und Wirtschaftsstandort (BMDW) verantwortlich. Es ermöglicht allen Menschen den Zugang zum Erwerb und Ausbau digitaler Kompetenzen, die für die persönliche und berufliche Weiterentwicklung benötigt werden. Die Prioritäten der digitalen Strategie der österreichischen Regierung 2020-2025 beinhalten daher Initiativen für Beschäftigte und Berufsrückkehrer*innen der Jahrgänge 1960 bis 2005 und für Menschen, die über 60 Jahre alt sind. Diese Maßnahmen zielen darauf ab, Bewusstsein für digitale Kompetenzen zu schaffen und die Kenntnisse darin zu steigern vgl. (Europäische Kommission - Index für die digitale Wirtschaft und Gesellschaft (DESI), 2021).

Des Weiteren hat sich gezeigt, dass Unternehmen, die schon früh auf Digitalisierung gesetzt haben - von Remote Working bis Distance Selling - einen nachweislichen Vorteil gegenüber den anderen in der aktuellen Covid-19 Krise haben. Bei vielen wäre ein Lockdown ohne digitale Vertriebskanäle wirtschaftlich nicht zu bewältigen gewesen, wie auch die Studie von Accenture Österreich belegt. Sie zeigt deutlich die Potentiale auf, welche mit einer digitalen Transformation gehoben werden können. Auch auf makroökonomischer Ebene ist nachweisbar, dass die Digitalisierung als Konjunkturmotor in der Krise fungieren kann und je digitaler eine Volkswirtschaft ist, desto besser ist sie in der Krisenbewältigung. Das geht eindeutig aus dem Befund am Digitalisierungsindex der Europäischen Kommission hervor vgl. (Accenture Österreich, 2020).

Dass sich daraus zentrale Trends und Entwicklungen ergeben, die unsere Arbeitswelt prägen, steht ebenfalls außer Frage. Sie werden unter dem Begriff Arbeit 4.0 zusammengefasst. Daraus ergeben sich einerseits Einflussfaktoren wie die zunehmende Volatilität und Entwicklungen zur Wissens- und Innovationsökonomie, andererseits haben diese aber auch Auswirkungen auf die Demografie. Die beschleunigte digitale Transformation, sowie die Trends der Individualisierung und des Wertewandels haben dabei einen entscheidenden Effekt auf Arbeit 4.0. Die Konsequenzen daraus sind veränderte Berufsbilder, andere Arbeitsformen und neue Anforderungen an die erforderlichen Kompetenzen vgl. (Rump & Eilers, 2017, pp. 3-4).

Die Digitalisierung der Arbeitswelt hat Prozesse und Strukturen disruptiv verändert. Gerade in Zeiten von rasanten Veränderungen, von Unsicherheit und steigender Komplexität sind Führungskräfte gefragt, die mit diesen Bedingungen umgehen können. Insofern stellt sich die Frage, wie sich die Art der Führung verändert hat oder sich noch verändern muss. Im Leadership Survey 2018 zeigt sich, dass direktive Führung nach wie vor den vorherrschenden Führungsstil darstellt und dass die Strategie, die Leistung und die Zielorientierung im Vordergrund stehen. Führungsansätze, die auf Empathie, Selbstbestimmung und Coaching basieren - wie ein transformationaler oder ethischer Führungsstil - scheinen bei den derzeitigen Führungskräften eine eher untergeordnete Rolle zu spielen. Die Gefahr, dass zu viel Freiraum gewährt wird und es dadurch zu einer Laissez-Faire-Führung kommt, wird als groß erachtet vgl. (Kienbaum&StepStone Leadership Survey 2018, 2018).

Im Folgenden wird nun auf die Problemstellung dieser Arbeit eingegangen.

1.1   PROBLEMSTELLUNG

Wie aus der Einleitung dieser Arbeit eindeutig hervorgeht, ist die digitale Transformation das bestimmende Thema unserer Zeit. Die Digitalisierung betrifft alle Lebens- und Arbeitsbereiche, wodurch die Führungskräfte mit weitreichenden Veränderungen konfrontiert sind. Der Begriff, der für diese hoch dynamische und immer komplexere Arbeits- und Umwelt verwendet wird, ist „VUCA", wobei diese Abkürzung für Folgendes steht: Volatilität (Volatility), Ungewissheit (Uncertainty), Komplexität (Complexity) und Ambiguität (Ambiguity) vgl. (Nesch, 2020, p. 15).

Aus der VUCA-Umwelt ergeben sich andere Anforderungen an die Führungskräfte und die Notwendigkeit einer Änderung der Führungskultur. Etwa die Hälfte von 400 interviewten Führungskräften sieht in der Studie „Führungskultur im Wandel" des Projektes „Forum Gute Führung" die Kriterien im Kontext „guter Führung" als nicht erfüllt an vgl. (Initiative Neue Qualität der Arbeit - INQA BMAS Deutschland, 2014, p. 11).

Die Schwelle zur vierten Industriellen Revolution, die durch die Digitalisierung vorangetrieben wird, ist dadurch nicht mehr weit entfernt. Schließlich hat die digitale Transformation in unser reales Leben mit digitalen Errungenschaften wie dem Internet, den Sozialen Medien, dem Smartphone etc. bereits Einzug gehalten und doch fehlt aktuell das Wissen über die Auswirkungen, sowie vielfach auch der Mut, um die erforderlichen Veränderungen auf den Weg zu bringen vgl. (Lender, 2019, pp. 8-12).

Die globalen Transformationsprozesse, die mit einer explosiven Zunahme von Komplexität einhergehen, erfordern zudem wirksames Management. Daher werden viele Führungskräfte in ihrem Beruf des Führens insbesondere dahingehend gefordert sein, neue Herangehensweisen erlernen zu müssen vgl. (Malik, 2019, pp.

21-32).

Es stellt sich auch die Frage, wie die Charakteristika einer adäquaten Führung im digitalen Zeitalter aussehen müssen, um den Herausforderungen der Digital Economy zu genügen und über welche Fähigkeiten und Kenntnisse die Führungskräfte verfügen müssen, um diese gut bewältigen zu können vgl. (Petry, et al., 2019, p. 49).

Im Rahmen dieser Arbeit wird versucht, auf diese Charakteristika näher einzugehen. Das nächste Kapitel behandelt daher die Formulierung der entsprechenden Forschungsfrage.

1.2 FORSCHUNGSFRAGE

Das Ziel dieser Masterarbeit besteht in einer Analyse der Trends in der Arbeitswelt und dem Einfluss der durch die Pandemie beschleunigten Digitalisierung, welche als ein Treiber der VUCA-Umwelt identifiziert wurde. Daraus soll ein Kompetenzprofil im Digital Leadership für Führungspositionen österreichischer Unternehmen auf C-Level entworfen werden.

Ausgehend von der Betrachtung, wie sich die Digitalisierung auf Unternehmen, Geschäftsmodelle, Prozesse, Projekte, Mitarbeitende und letztlich auf die Führungskräfte selbst auswirkt, spannt sich der Bogen dieser Arbeit über die Faktoren Digitalisierung, Rahmenbedingungen Arbeit 4.0, Trends und Einflüsse auf Führung 4.0 bis hin zur Entwicklung von Anforderungs- und Kompetenzprofilen für Führungskräfte.

Als Untersuchungsmethode wird zunächst die Recherche von Forschungsergebnissen, Fachliteratur, Fachartikeln, Internetquellen und Fachbeiträgen von anerkannten Instituten, Autor*innen, sowie Beratungsgesellschaften gewählt. Auf dieser Grundlage werden im Rahmen einer empirischen Untersuchung entsprechende Fragestellungen entwickelt, um qualitativ leitfadengestützte Interviews mit österreichischen Führungskräften durchführen zu können.

Aus den Ergebnissen der Führungskräfteinterviews werden konkrete Aufgaben- und Rollenprofile abgeleitet und daraus ein Kompetenzprofil für Führungskräfte für das Führen 4.0 in der hybriden Arbeitswelt der Digital Economy entwickelt. Die Untersuchung wird auf C-Level Führungskräfte in österreichischen Unternehmen beschränkt, um die Vergleichbarkeit der Rahmenbedingungen herzustellen.

Die folgenden drei Forschungsfragen wurden zu Beginn der Arbeit formuliert:

1. **Welchen Einfluss hat die rasante Veränderung in den hybriden Arbeitswelten der Digital Economy auf die Führungskräfte im Digital Leadership?**

2. **Sind sich die Führungskräfte der Veränderung durch die Digitalisierung in der Arbeitswelt und dem damit zusammenhängenden unvermeidbaren Wandel und der notwendigen Weiterentwicklung in ihrem Handeln bewusst?**

3. **Wie beschreiben die Führungskräfte ihr bisheriges Aufgaben- und Rollenprofil und wie lässt sich daraus ein Anforderungsprofil für das Führen 4.0 in der hybriden Arbeitswelt ableiten?**

Das folgende Unterkapitel beschreibt die Methode, anhand derer die Forschungsfragen in dieser Arbeit beantwortet werden sollen.

1.3 METHODE

Anhand der Literaturrecherche wird durch Analyse von Forschungsergebnissen, Fachliteratur, Fachartikeln, Internetrecherche und Fachbeiträgen von anerkannten Quellen die Basis zum Einstieg in das Forschungsthema dieser Arbeit gelegt. Aus den Erkenntnissen der Literaturanalyse werden die ersten Ergebnisse zur Beantwortung der Forschungsfragen ermittelt.

Die daran anschließenden Interviews mit C-Level Führungskräften österreichischer Unternehmen werden als Leitfadeninterviews gestaltet. Der dafür entwickelte Leitfaden ist so gestaltet, dass damit eine qualitative Datenerhebung in der Empirie der themenrelevanten Sachverhalte erfolgen werden kann vgl. (Helfferich, 2019).

Die Analyse der qualitativen Daten erfolgt nach vollständiger, semantischer Transkription mittels Computer assisted qualitative data analysis software (CAQDAS) MAXQDA 2022 Software vgl. (Rädiker & Kuckartz, 2019).

Danach fließen die Resultate aus der Primär- und Sekundärforschung in ein Konzept ein, welches ein Kompetenzprofil an Führung 4.0 in den hybriden Arbeitswelten der Digital Economy für C-Level Führungskräfte österreichischer Unternehmen skizziert.

Zunächst wird jedoch im nächsten Kapitel der Aufbau der Arbeit behandelt.

1.4   AUFBAU DER ARBEIT

Zu Beginn der vorliegenden Arbeit wurde der Status quo des Digital Leadership erhoben, welcher sich aus einem theoretischen und einem empirischen Teil zusammensetzt.

In Kapitel 2.1 wurden die Megatrends in der Arbeitswelt aufgezeigt, die Auswirkungen durch die VUCA Umwelt dargestellt, virtuelle Zusammenarbeit thematisiert und weitere Einflussfaktoren auf das Digital Leadership erhoben.

Das Kapitel 2.2 beginnt mit einer Definition von Führung, setzt dann mit den gängigen Führungstheorien fort und weist auf die wichtigsten Management by - Führungsprinzipien hin, um über Ausführungen zum Leadership den Bogen zu Anforderungen und Kompetenzen für Führung 4.0 zu spannen.

Im Kapitel 2.3 wurde eine Datenerhebung mittels Leitfadeninterviews bei neun Führungskräften auf C-Level Positionen mit großer Führungserfahrung durchgeführt. Diese wurden mithilfe einer qualitativen Inhaltsanalyse ausgewertet danach wurde mittels Codierung aus den Aussagen eine Kompetenzmatrix mit Handlungsempfehlungen für das Führen 4.0 in hybriden Arbeitswelten entwickelt.

Abschließend widmet sich Kapitel 3 der Beantwortung der Forschungsfragen, der Diskussion der Ergebnisse, der Erörterung der Limitationen, sowie der Anschlussmöglichkeiten für Folgearbeiten und einer Schlussfolgerung.

2 STATUS QUO DIGITAL LEADERSHIP

2.1 DIGITALISIERUNG UND ARBEITEN 4.0

Zu den bedeutendsten Entwicklungen der letzten Jahre zählt die Zunahme an Digitalisierung von Dokumenten, Nachrichten, Fotos, Videos, Musik, Informationsanfragen und Antworten, sowie der Daten von verschiedensten Sensoren und dergleichen mehr. Dies sorgt für unglaubliche Datenmengen im derzeitigen zweiten Maschinenzeitalter, welches die statistische Auswertung dieser erfassten und gespeicherten Daten möglich macht. Damit gehen auch neue Methoden zum Wissenserwerb und ein höheres Innovationstempo einher vgl. (Brynjolfsson & McAfee, 2014, p. Kap. 4).

Einer Schätzung der International Data Corporation zufolge steigt die globale Datenmenge von 33 Zettabyte im Jahr 2018 auf etwa 175 Zettabyte im Jahr 2025. Durch die automatisierte Fertigung und Vernetzung der Unternehmen entstehen in der Industrie die meisten Daten, gleich dahinter liegt der Handel. Jedoch werden im Gesundheitsbereich zukünftig die höchsten Steigerungen prognostiziert. Diese Entwicklungen verstärken den Trend von dezentralen Speicherplätzen zu den Clouds großer Digitalkonzerne zu wechseln vgl. (Informationsdienst des Instituts der deutschen Wirtschaft, 2019).

Die Antreiber der Digitalisierung, welche sich für eine Steigerung der Innovation und Produktivität verantwortlich zeichnen und damit Geschäftsmodelle verändern, sind nicht Systemtechnik, IT oder das Internet, die es schon seit Jahrzehnten gibt. Es sind die folgenden Elemente, die zugleich eine Definition von Digitalisierung darstellen vgl. (Stöger, 2019, p. 21):

- Vernetzung von Menschen, Maschinen und Daten,
- Individualisierung von Produkten, Dienstleistungen

und Informationen,

- Zunahme an Geschwindigkeit,
- Dezentralisierung und Selbstorganisation, sowie die
- tendenzielle Auflösung von Branchen- und Unternehmensgrenzen.

Die International Data Corporation (IDC) Studie in Deutschland zeigt auf, dass datengetriebene Innovationen für drei Viertel der deutschen Unternehmen kein Thema sind. Die daraus resultierenden größten Herausforderungen sind einem Drittel der Führungskräfte zufolge gute Datenqualität im Datenmanagement, während bis zu zwei Drittel die Cloud als zentralen Lösungsansatz für alle Datenthemen sehen. Damit stehen alle Zeichen deutlich erkennbar auf Digitalisierung, deren Fokus aufgrund der Covid-19 Pandemie auf Effizienz ausgerichtet ist. Um den Anschluss an diese rasante Entwicklung nicht zu verpassen, muss noch an einigen Parametern gedreht werden, damit alle für die digitale Transformation gewappnet sind vgl. (IDC International Data Corporation, 2021).

Nach Prognosen der International Data Corporation Future Scape in Needham, Massachusetts setzen bis 2023 70 Prozent der größten 2000 börsengelisteten Unternehmen laut Forbes (auch G2000-Organisationen genannt) auf eine dauerhafte Einführung hybrider Arbeitsmodelle, begleitet durch die Einführung von maschinellem Lernen (ML) und künstlicher Intelligenz (AI). Um diese Arbeitsmodelle realisieren zu können und der beschleunigten digitalen Transformation gerecht zu werden, müssen Arbeitnehmer*innen sich in dynamisch definierten und rekonfigurierbaren Teams organisieren, die zeit- und ortsunabhängig arbeiten können vgl. (IDC FutureScape, 2021).

Die Initiativen zur Zukunft der Arbeit müssen von den Führungskräften vorangetrieben werden, damit Kundenzufriedenheit und Mitarbeiter*innen - Bindung verbessert werden können. Zusammenfassen lassen sich die wichtigsten Prognosen wie folgt:

80 Prozent der G2000-Organisationen bis 2024 setzen „digitale Manager*innen" als Recruiter*innen ein, um geeignete Mitarbeiter*innen für die digitale Transformation zu rekrutieren. Diese sind dann dazu angehalten, Tools zu verwenden, die ihre Arbeit automatisieren. Dadurch werden etwa 40 Prozent der G2000-Organisationen bis 2026 eine 25-prozentige Verbesserung der Informationsnutzung mittels intelligenter Wissensnetze erreichen und die Daten in verwertbares Wissen umwandeln vgl. (IDC FutureScape, 2021).

Neue Strategien zur Analyse von Talent Pools, zur Personalbeschaffung und zur Begleitung des gesamten Mitarbeiter*innen - Lebenszyklus sollen durch AI- bzw.
ML - Plattformen unterstützt werden. Um leistungsfähige, verteilte, globale Teams zu ermöglichen wird in intelligente digitale Arbeitsräume mit erweiterten visuellen Technologien investiert, damit regelmäßig stattfindende Meetings realisiert werden können vgl. (IDC FutureScape, 2021).

Die weiteren Betrachtungen gehen nun zuerst zu den Megatrends in der Arbeitswelt.

2.1.1 Megatrends in der Arbeitswelt

Das Weltwirtschaftsforum prognostiziert, dass Maschinen bis zum Jahr 2025 mehr Arbeiten erledigen werden als Menschen, wo gegen 2018 noch 71 Prozent der Arbeiten von Menschenhand übernommen wurden vgl. (World Economic Forum, 2018).

Ersichtlich ist jedoch, dass das Zusammenspiel von Digitalisierung und Covid-19 zu einem Szenario der „doppelten Disruption" führt, da der wirtschaftliche Abschwung durch die Pandemie einen verstärkten Technologieeinsatz erfordert und starken Druck auf die Anzahl der Arbeitsplätze ausübt. Ein aktueller Bericht geht bis 2025 vom Wegfall von 85 Millionen Arbeitsplätzen durch Verschiebung der Arbeitsteilung und von 97 Millionen neuen Rollen durch Neuverteilung der Arbeiten zwischen

Menschen, Maschinen und Algorithmen in unterschiedlichen Branchen aus. Neue Aufgaben und Veränderungen im Arbeitsfeld erfordern zudem eine hohe Umschulungsbereitschaft der Arbeitnehmer*innen, um Qualifikationsdefizite rasch beheben zu können. Von dieser Bereitschaft gehen 94 Prozent der Führungskräfte auch aus. An Bedeutung gewinnen dabei Fähigkeiten wie kritisches Denken, Datenanalyse, Lösungsorientierung, Selbstmanagement, Resilienz, Flexibilität und die Bereitschaft für aktives Lernen vgl. (World Economic Forum, 2020).

Wesentlichen Einfluss auf das Arbeitsleben nehmen neben der Digitalisierung die demografische Entwicklung, der gesellschaftliche Wandel und die ökonomischen Trends ein. Es strömen verschiedene technische Entwicklungen wie Big Data, Cloud Computing und AI mit weitreichenden Auswirkungen auf die Ökonomie auf die Mitarbeiter*innen ein. Zusätzlich erzeugen Entwicklungen und Trends wie die Globalisierung, die Internationalisierung, der demographische Wandel, New Work etc. ein. Mit dem Übergang zur Wissens- und Informationsgesellschaft ergibt sich daraus steigende Komplexität und Unsicherheit bei den Mitarbeiter*innen vgl. (Rump & Eilers, 2017, pp. 6-7).

Hinzu kommen gesellschaftliche Entwicklungen, wie die Urbanisierung, die Diversität, die Feminisierung, die Sensibilisierung für Nachhaltigkeit, die die Menschen immer mehr polarisieren. Der Wertewandel wird unter anderem durch die Verknappung des Nachwuchses in den Generationen Y und Z angetrieben. Der Drang nach Work-Life-Balance und Nachhaltigkeit lässt sich aus der Verlängerung der Lebensarbeitszeit, sowie der Zunahme an Arbeitsgeschwindigkeit und Aufgabenkomplexität als zentrales Thema nachvollziehen, wie Tabelle 1 zeigt vgl. (Rump & Eilers, 2017, pp. 6-7).

Technisch-ökonomische Entwicklungen	Gesellschaftliche Entwicklungen	Demografische Entwicklungen
• Globalisierung / Internationalisierung • Digitalisierung / Industrie 4.0 • Beschleunigung / Komplexität / Unsicherheit (VUCA) • Innovations- und Kostendruck • Wissens- und Innovationsgesellschaft	• Sensibilisierung für Nachhaltigkeit • Diversität • Feminisierung • Wertewandel • Work-Life-Balance • New Work • Urbanisierung • Polarisierung der Gesellschaft	• Alterung der Gesellschaft • Schrumpfung der Gesellschaft • Verknappung Nachwuchskräfte • Verlängerung der Lebensarbeitszeit • Generationen Y Z

Tabelle 1: Überblick über die Megatrends, in Anlehnung an (Rump & Eilers, 2017, p. 7)

Als Summe aller Beschäftigungsverhältnisse in unterschiedlichen Lebensphasen wird die Arbeit in der Zukunft gelten und die Sinnfrage wird anstatt von Karriereaussichten in den Vordergrund rücken. New-Work-Modelle setzen sich, von der Covid-19 Krise beschleunigt, rascher durch und die damit verbundene Digitalisierung erfordert neue Arbeitsstrukturen. Die Unternehmenskulturen werden agiler und Work-Life-Blending als Begriff für die Verschmelzung zwischen Lebens- und Arbeitswelt, kollaboratives Arbeiten und Remote Work, also Arbeit an einem beliebigen Ort, treten in den Vordergrund des Mitarbeiter*innen Interesses. Mit dem Rückgang von monotonen und repetitiven Vorgängen, die in Zukunft durch Maschinen erledigt werden, stiften menschliche Fähigkeiten wie Kreativität und Empathie einen neuen Sinn in der Arbeitwelt vgl. (Zukunftsinstitut, 2021).

Mittels des Work-Life-Blending wird ein fließender Übergang zwischen Arbeits- und Privatleben geschaffen, der es den Arbeitnehmer*innen ermöglicht, flexibel auf Lebenssituationen zu reagie-

ren, selbstbestimmt zu arbeiten und damit produktiver zu sein.
Wie auch die Covid-19 Pandemie gezeigt hat, ist Remote-Work
für intensive Arbeitsphasen sehr geeignet und die Befürchtung
von mangelnder Produktivität im Homeoffice unbegründet. Auch
der wachsende Arbeitsmarkt aus Selbständigen, Freelancer*innen
und projektbezogenen Arbeiter*innen, auch Gig Economy genannt, ist nicht auf einen Standort bezogen, sondern ermöglicht
Arbeiten dort, wo man zu Hause ist oder seine Freizeit verbringt.
Zudem wird das Büro in der Zukunft zu einem Ort, wo zwischen-
menschliche Kontakte, gemeinsame Kreativität und spontaner
Austausch stattfindet. Durch die fortschreitende Digitalisierung
mit dem Einsatz von Tools zur Kommunikation, zum Projekt- und
Wissensmanagement und von künstlicher Intelligenz entsteht
eine Weiterentwicklung, die Unternehmen agiler und resilienter
machen wird vgl. (Zukunftsinstitut, 2021).

Weitere prägnante Einwirkungen sind:

- Die Zahl der Mitarbeiter*innen, die außerhalb des Unternehmens arbeiten, hat in den letzten zehn Jahren um
  über 15 Prozent zugenommen und setzt auch den durch
  Covid-19 befeuerten Trend zur Umstrukturierung der
  Arbeitsplätze fort vgl. (ADP Research, 2020)

- Arbeitsplatz und Belegschaft werden weiter transfor-
  miert und der Anteil von Arbeitnehmer*innen, die Remote arbeiten, stieg im letzten Jahr von unter 30 Prozent vor Covid-19 auf über 40 Prozent an vgl. (Gartner,
  2020).

- Etwa 71 Prozent der Führungskräfte planen laut einer
  Umfrage von 2020 im folgenden Jahr mehr Investitio-
  nen in künstliche Intelligenz vgl. (Deloitte, 2020).

- Die Unternehmen erlauben zu einem sehr hohen Pro-
  zentsatz von 82 Prozent die Nutzung von privaten Ge-
  räten, um auf ihre Daten und Netzwerke zuzugreifen.

Durch Bring-Your-Own-Device (BYOD) verändert sich auch, wie wir arbeiten, da Smartphones von den Arbeitnehmer*innen als Portale genutzt werden und damit der Zugang zu mobilen Geschäftsanwendungen im Remote Work gegeben ist vgl. (Bitglass, 2021).

Im folgenden Kapiteln werden nun die Auswirkungen der VUCA Umwelt näher behandelt.

2.1.2 Auswirkungen durch die VUCA Umwelt

In einer immer stärker vernetzten und globalisierten Wirtschaft, die von Krisen und Veränderungsprozessen geprägt ist, verändert sich die Anforderung an Arbeitsprozesse auf eine dynamische Weise. Mit der Informationsflut durch Meetings, E-Mails, Chats und der steigenden Fülle und Komplexität der Aufgaben gibt es kaum Zeit für Pausen und Regeneration, wodurch der Leistungsdruck für die Mitarbeiter*innen steigt. Daraus lässt sich schließen, dass Restrukturierung die neue Regel und nicht mehr die Ausnahme ist. Sie bedingt sich ständig ändernde Pläne, unklare Ziele, unklare Zuständigkeiten und Kontrollverlust vgl. (Amann, 2019, pp. 29-30).

Für moderne Organisationen ist nichts wichtiger als die Fähigkeit, mit Unbeständigkeit, Ungewissheit, Komplexität und Mehrdeutigkeit, also mit Veränderungen jeglicher Art, umgehen zu lernen. In einer Ära des raschen Wandels wird es für Organisationen notwendiger, sich stärker an der Zukunft zu orientieren und sich mehr um die Wahl des richtigen Weges zu kümmern. Das macht Führung an sich heute umso notwendiger im Vergleich zu stabilen Zeiten, in denen es für die Führungskräfte einfacher war, wirksam zu sein vgl. (Bennis & Nanus, 2003, pp. 218-219).

Die heutigen Entwicklungen und Veränderungen der Umwelt von Führungskräften werden als VUCA-Umwelt bezeichnet. Das Akronym VUCA stammt ursprünglich aus dem amerikanischen War College, wo Herbert F. Barber über strategische Führung in einem globalen Umfeld sprach, welches mit den Begriffen Volatility, Uncertainty, Complexity und Ambiguity (VUCA) definiert wird vgl. (Barber, 1992, pp. 4-12).

Abgeleitet und zitiert wurde der Begriff aus dem Buch von Bennis und Nanus (Bennis & Nanus, 2003) und hat sich in den letzten Jahren in der Managementliteratur etabliert vgl. (Bennet & Lemoine, 2014).

- **V**olatility (Volatilität, Schwankung, Unbeständigkeit, Fluktuation) steht für sich sprunghaft verändernde Größen und ist ein Maß für die Schwankungsbreite.
- **U**ncertainty (Unsicherheit, Ungewissheit) steht für unsichere Zukunftserwartungen und Situationen, in denen Ergebnisse einer Aktion schwer vorherzusagen sind und daher ein Risiko in den Entscheidungen entsteht.
- **C**omplexity (Komplexität, Vielfältigkeit, Vielschichtigkeit) steht für Situationen und Probleme, die vielschichtig, schwer zu verstehen und schwer zu analysieren sind.
- **A**mbiguity (Ambiguität, Doppeldeutigkeit, Vieldeutigkeit) steht für die Unklarheit durch subjektive Einschätzungen bei widersprüchlichen Umweltbedingungen bzw. deren Determinanten.

Mit diesen vier gleichzeitig wirkenden Faktoren, sowie den damit einhergehenden unvorhersehbaren Veränderungen sind Geschäftsentwicklungen weniger vorhersehbar und planbar. Die in der Vergangenheit erfolgreichen Führungsansätze die auf Analyse, Bewertung, Planung und Umsetzung aufgebaut waren, müssen daher grundlegend überdacht werden vgl. (Petry, et al., 2019, pp. 45-47).

Die Erwartung an Führung unterliegt in der VUCA-Umwelt einem starken Wandel und das wird auch von vielen Führungskräften so wahrgenommen. Die Schere zwischen Führungspraxis und Führungsanforderungen öffnet sich zusehends, da eine dynamisch vernetzte Arbeitswelt nach hohen Eigensteuerungsfähigkeiten und Kooperationsanforderungen verlangt. Um diesen komplexen Anforderungen gerecht zu werden und Unternehmen zukunftsfähig zu machen, sind Führungskonzepte zu überdenken und gegebenenfalls neue Ansätze zu finden. Die Notwendigkeit der Veränderung wird von den Führungskräften zwar erkannt, aber sie sehen auch ein Defizit in der Umsetzung vgl. (Initiative Neue Qualität der Arbeit - INQA BMAS Deutschland, 2014).

Gründe für die steigende Belastung von Mitarbeiter*innen sind vor allem in der Zunahme von Krisen und Veränderungsprozessen zu finden. Dem steigenden Leistungsdruck, der Komplexität der Aufgaben und einem immer höheren Arbeitsrhythmus durch Informationstechnologien sind die Mitarbeiter*innen nicht mehr gewachsen. Restrukturierung entwickelt sich von der Ausnahme zur Regel und induziert ständige Anpassungs-, sowie Veränderungsprozesse. Die Globalisierung, sich ändernde Marktverhältnisse und permanent geforderte Ziele wie Wachstum und Effizienz überfordern sowohl die Führungskräfte, als auch deren Mitarbeiter*innen. Tägliche Berichte über die Krisen von Unternehmen, der Wirtschaft, des Finanzsektors und ganzer Staaten belegen die Unberechenbarkeit, die Unplanbarkeit und den Verlust an Kontrolle. Diese schnelllebige Zeit können auf Dauer nur widerstandsfähige, anpassungsfähige und agile Organisationen überleben vgl. (Amann, 2019, pp. 29-35).

Führungskräfte tragen demnach große Verantwortung für ihre Teams und sind darin bestrebt, dass ihre Mitarbeiter*innen optimale Leistungen erbringen. Zudem ist es ihre Aufgabe, den Unternehmenserfolg nachhaltig zu sichern. Sie müssen trotz der unsicheren Rahmenbedingungen selbstsicher und stark agieren, um Leistungsfähigkeit und Zielsicherheit zu erhalten vgl. (Wifi Wien Blog, 2021).

Ein Lösungsansatz für diese von Unsicherheit geprägte VUCA-

Umwelt ist es, Faktoren zu finden, welche einen Gegenpart darstellen und die Resilienz fördern. Es braucht dazu die Reflexion des Führungsverhaltens, um eine Weiterentwicklung der Führungsfähigkeit wie z.b. mit Modellen aus dem Bereich der gesunden Führung mit den Elementen körperliche Gesundheit, individuelles Gesundheitsverhalten, motivierende Kognitionen und emotionale Führung, zu erreichen. Denn Führungskräfte können dazu beitragen für ihre Mitarbeiter*innen eine stabile, sichere, einfache und eindeutige Umwelt zu schaffen vgl. (Wifi Wien Blog, 2021).

In diesem Zusammenhang kann auch auf die virtuelle Zusammenarbeit gebaut werden.

2.1.3   Virtuelle Zusammenarbeit

Unter virtueller Zusammenarbeit versteht man Gruppen von Personen, Teams oder externen Partnern, die an einem gemeinsamen Projekt oder einer Aufgabe mittels moderner Informations- und Kommunikationstechnologie (IKT) zusammenarbeiten, sich aber währenddessen physisch nicht an demselben Ort befinden. Formen dieser Virtualisierung können z.B. Arbeitsgruppen sein, die für eine bestimmte Zeit, für ein bestimmtes Projekt eine Organisationsstruktur aus autonomen Personen und Unternehmen bilden vgl. (Hofmann & Regnet , 2020, pp. 762-764).

Die Arbeit in virtuellen Teams findet heutzutage immer öfter statt, da in Konzernen und Firmengruppen Unternehmensbereiche global outgesourct werden, um Prozesse zu optimieren und zu rationalisieren. Ganze Abteilungen werden durch Shared Service Center und Business Process Outsourcing in internationalen Destinationen zusammengezogen. Durch Homeoffice, Remote Work und andere mobile Arbeitsformen arbeiten die virtuellen Teams primär mit modernen Kommunikations- und Kollaborationstools, sowie Cloud-Lösungen zusammen. Durch diese Art der Zusammenarbeit ist die Führungskraft oft in einem anderen Land oder einer anderen Niederlassung ansässig und abgesehen vom Berichtswesen kommt es nur zu gelegentlichen persönlichen Treffen vgl. (Hofmann & Regnet , 2020, pp. 762-764).

Zusätzlich finden neue Formen der Vertragsgestaltung wie Zeitarbeit, Fremdvergabe, Werkvertrag, freier Dienstvertrag und agiles Projektmanagement über Freelancer*innen in diesem Umfeld verstärkt Anwendung vgl. (Böhm, 2020, pp. 933-961). Bisher bewährte und traditionelle Führung in Unternehmen, die mit Stellenbeschreibungen, Verhaltensregeln, Ressortdenken, festen Abteilungen, klaren Kompetenzen und einem direktiven Führungsstil einhergegangen ist, ist nicht mehr zeitgemäß. In virtuellen Strukturen sind agiles Arbeiten, Flexibilität, sowie diverse, temporäre, globale Teams in Interaktion gefragt, was ein hohes Maß an Eigenverantwortlichkeit und eine neue Vertrauenskultur in der Führung voraussetzt. In Tabelle 2 sind die Faktoren von Führung in alten und neuen Unternehmensstrukturen gegenübergestellt.

Führung in alten Strukturen	Führung in neuen Strukturen
• Stab-Linien-Organisation	• Projektorganisation
• Abteilungszuordnung	• Agiles Arbeiten /Flexibilität
• Stellenbeschreibung	• Kooperationen
• Handlungsvollmacht	• Zielvereinbarungen (MbO)
• Kompetenzfelder	• Interdisziplinäre Teams
• Direkte Kommunikation	• Neue Medien und
• Direkte Führung	Kollaborationstools
	• Selbständigkeit und Eigenverantwortung
	• Vertrauenskultur und Coaching

Tabelle 2: Führung in alten und neuen Strukturen, Quelle: in Anlehnung an (Hofmann & Regnet , 2020, p. 765)

Es entstehen demnach neue Anforderungen an Führungskräfte, da die Mitarbeiter*innen in verschiedenen Niederlassungen, oft

in international zusammengesetzten Teams, in mobilen Arbeitsformen wie Home Office und teilweise bei externen Dienstleister*innen beschäftigt sind und damit Führung auf Distanz nötig
ist. Unter diesen Rahmenbedingungen sind klassische Erfolgsfak-
toren der Führung wie regelmäßiger Kontakt, Kultur der offenen
Tür, häufige Kommunikation und auch informelle Kontakte nicht
realisierbar. Die Kommunikation verlagert sich bei Telearbeit,
Home Office oder anderen mobilen Arbeitsformen weg von persönlichen Treffen und hin zu E-Mails, Telefongesprächen, Video
Calls, Chatrooms, sowie Kooperations-Plattformen und Cloudnut-
zung vgl. (Hofmann & Regnet , 2020, pp. 764-767).

Der richtige Umgang mit digitalen Technologien ist durch den
stetigen Informationsfluss und der Entkopplung von Zeit und Ort
schwierig in die richtigen Bahnen zu lenken. Ständige Erreichbar-
keit widerspricht ebenso konzentrierten Arbeitsphasen wie auch
einer gesunden Balance zwischen Arbeits- und Privatleben (Work-
Life-Blending). Virtuelle und auch hybride Arbeitsumgebungen
sind nicht an klassische Büroöffnungszeiten gebunden und verlei-
ten die Menschen dazu, jede Nachricht mit ähnlicher Wichtigkeit
sofort zu bearbeiten und nichts zu versäumen, um nicht den Fear
of Missing Out (FOMO) zu erfahren. Dieses Phänomen ist nicht nur
in mobilen Arbeitsumgebungen zu finden, sondern ebenfalls in
den heutigen Kombibüros, Gruppenbüros, Großraumbüros, Open-
Space- Bürokonzepten und Co-Working-Spaces vorzufinden. Hier
wird es erforderlich sein, dass Führungskräfte mit entsprechenden Regeln die Zusammenarbeit auf bestimmte Arbeitszeiten und
fokussierte Arbeitsphasen konzentrieren, um Produktivität im
virtuellen Arbeitsumfeld zu gewährleisten vgl. (Creusen, et al.,
2017, pp. 88-90).

Weitere Einflussfaktoren auf das Digital Leadership werden im
folgenden Kapitel definiert.

2.1.4 Weitere Einflussfaktoren auf das Digital Leadership

Digitale Transformation definiert sich als Prozess der stetigen

Weiterentwicklung digitaler Technologien und beschreibt gleichzeitig die Einführung digitaler Prozesse und Tools zur Umsetzung strategischer Geschäftsziele vgl. (EY etventure, 2021).

Dazu gehören hauptsächlich die Technologien Social, Mobile, Analytics und Cloud, die auch unter dem Begriff SMAC-Technologien zusammen gefasst werden vgl. (Journal of Theoretical and Applied Information Technology, 2020):

- **S** steht für social Network wie Facebook, Instagram, Cooperation Platforms etc.
- **M** steht für Mobile, wie z.b. WLan, LTE, 5 G durch Smartphones, Tablets, Laptops, etc.
- **A** steht für Analytics wie Big Data, Business Intelligence (BI), NoSQL Databases, etc.
- **C** steht für Cloud(-Computing), Internet Platforms, etc.

Fest steht, dass durch den Einsatz von digitalen Technologien in Unternehmen veränderte Arbeitsformen entstehen, die ohne diesen technischen Fortschritt nicht möglich wären. Mitarbeiter*innen, Kooperationspartner*innen, Berater*innen und Freelancer*innen kann ein Zugang zu Firmendaten von jedem beliebigen Ort aus mit einer Internetverbindung erteilt werden und es entsteht auch in zeitlicher Hinsicht mehr Flexibilität vgl. (Wagner, 2017, pp. 28-29).

Dadurch können externe Arbeitskräfte für Projekte und Aufgabenpakete beschäftigt werden und so Microjobs in Form von Clickworking erledigen. Es sind, wie bereits erwähnt, nicht alle Mitarbeiter*innen am gleichen physischen Ort, was unmittelbare Auswirkungen auf das Leadership dieser Personengruppen hat. Durch Social Media und auch Bewertungsportale, um die Arbeitgeber*innen zu bewerten, entsteht eine neue Art der Transparenz dahingehend, welche Kultur und welcher Führungsstil in einem Unternehmen zu erwarten ist. Diese Einflüsse gehen mit ihren Auswirkungen über den reinen Technologieeinsatz hinaus und erfordern wiederum verändertes Führungsverhalten und neue Führungskompetenzen vgl. (Wagner, 2017, pp. 28-29).

Die Digitale Transformation stellt demnach einen ganzheitlichen Veränderungsprozess dar und erfordert vor allem beherztes Handeln der Führungskräfte, die für das Unternehmen Verantwortung tragen vgl. (Cole, 2017, p. 26).

Digitale Transformation bedeutet den Übergang von einer heutigen, alten Welt in eine zukünftige, neue Welt. Dieser Wandel ist für Unternehmen und Führungskräfte so anspruchsvoll, weil die noch vorherrschenden Gewohnheiten aus einer erfolgreichen Vergangenheit kommen und die „Alte Welt" noch funktioniert. Um wirtschaftlichen Erfolg fortzuführen ist es dennoch unerlässlich, die Grundlagen dieses Erfolges permanent zu hinterfragen und nicht die Vergangenheit ohne Reflexion fortzusetzen, wie Tabelle 3 veranschaulicht vgl. (Stöger, 2019, p. 24).

Modell der Transformation	
Die »Alte Welt«	**Die »Neue Welt«**
Veränderungen sind überschaubar, verlaufen relativ langsam und sind oft auf einzelne Themen beschränkt.	Veränderungen vollziehen sich deutlich schneller, umfassender und betreffen das gesamte Geschäftsmodell.
Grenzen des Unternehmens sind über Eigentum, Verträge, Waren, Dienstleistungen und Geldflüsse definiert.	Grenzen des Unternehmens verschwimmen und sind vieldimensional, z.B. durch Einbindung des Kunden, Partnernetzwerke, Plattformen...
Entwicklung und Produktion enden mit der Markteinführung. Danach beginnt die Vorphase der nächsten Generation.	Entwicklung und Produktion beziehen sich auf den gesamten Lebenszyklus. Es gibt keine »nächste Generation«, sondern permanente Weiterentwicklung.
Verkauf ist der Schlusspunkt von Entwicklung und Vermarktung.	Verkauf ist der Beginn einer Kunden-, Echtzeit- und Response-Beziehung.
Marketing und Vertrieb sind auf den Verkauf ausgerichtet.	Marketing und Vertrieb maximieren Nutzen über den gesamten Lebenszyklus.
Eine Kundenbeziehung wird über einen Kauf definiert, indem das Eigentum vom Hersteller auf den Kunden übergeht.	Eine Kundenbeziehung wird über eine Nutzung definiert, die mit Eigentumsfragen nicht identisch ist.
Daten entstehen entlang der Wertschöpfungskette oder aus externen Quellen.	Daten entstehen in Echtzeit durch das Produkt bzw. die Anwendung und müssen in Nutzen übersetzt werden.
Datenqualität und -sicherheit liegen in der Verantwortung der IT.	Datenqualität und -sicherheit sind Handlungsfelder aller Funktionen.
Die Organisation besteht in hierarchisch getrennten Funktionen wie zum Beispiel F&E, Einkauf, Produktion, Vertrieb.	Die Organisation besteht in prozessorientierten Funktionalitäten, in denen es um Tempo, Vernetzung und Umsetzung geht.
Führung bedeutet direkte Führung von Mitarbeitern, top-down und von der Hierarchie bestimmt.	Führung ist vielschichtig und bedeutet die Führung von Kollegen, Chefs, Kunden, Wertschöpfungspartnern.

Tabelle 3: Die Digitalisierung als Motor für Transformation, Quelle (Stöger, 2019, pp. 24-25)

In der Zeit des „New Normal" der Covid-19 Krise zeichnen sich als eindeutiger Trend die flexiblen Arbeitszeiten ohne fixe Anwesenheit im Unternehmen ab. Homeoffice funktioniert mithilfe digitaler Organisations- und Kommunikationsmittel effizient und ist in vielen Fällen produktiver als Büroarbeit. Ein positiver Effekt der Covid-19 Krise ist auch der Weg zu mehr Selbstbestimmtheit im Job, um die Interessen des Unternehmens eigenverantwortlich zu vertreten vgl. (Comteamgroup, 2020).

Daraus resultiert, dass ein massives, dauerhaftes Ansteigen der Nutzung von Homeoffice, vor allem im Vergleich zu der Zeit vor der Covid-19 Krise, erwartet wird. Durchsetzen wird sich auch der Typ Mitarbeiter*innen, der länger an Orten abseits des Büros für sein Unternehmen tätig sein wird. Die virtuelle Zusammenarbeit ist heutzutage bereits akzeptiert und kann als ein fixer Bestandteil von Büro- und Wissensarbeit angenommen werden vgl. (Fraunhofer IAO, 2020).

Der Begriff New Work steht damit für erwerbsorientierte Arbeit, die nicht nur durch Virtualisierung von Arbeitsmitteln, die Vernetzung von Personen und die Flexibilisierung von Arbeitsort und -zeit charakterisiert ist. Sie zeichnet sich auch für neue Erwartungen der Mitarbeiter*innen in Bezug auf Beteiligung, Autonomie und Sinnstiftung durch Arbeit verantwortlich vgl. (Hofmann, et al., 2019).

Jedoch haben nicht nur die Erwartungen der Mitarbeiter*innen, sondern auch die Demografie einen wesentlichen Einfluss auf die Art der Beschäftigungsverhältnisse. Das Wachstum der Weltbevölkerung auf prognostizierte 8,5 Milliarden bis 2030 hat sehr unterschiedliche Auswirkungen in den verschiedenen Regionen der Erde. Während in Afrika und Asien die Bevölkerung stark wächst, schrumpft sie in Europa immer mehr. Der demographische Wandel und die damit einhergehende Alterung der Weltbevölkerung betrifft jedoch alle Regionen etwa gleich. Gleichzeitig differenzieren sich die Lebenswelten aus, es etablieren sich neue Formen der Individualität und Geschlechterrollen werden nicht mehr als vorgegeben angesehen. Ein fundamentaler Wandel in der Arbeitswelt wird in Organisationsformen, Arbeitsmitteln, Tätigkeitsprofilen und Kompetenzanforderungen erkennbar. Künstliche Intelligenz, Robotik und digitale Assistenzsysteme ermöglichen neue Formen der Kollaboration, Automatisierung und Digitalisierung vgl. (Z Punkt, 2020).

In diesem Kapitel wurde deutlich, dass sich all diese Faktoren unmittelbar auf die Art und den Stil der Führung auswirken. Daher werden in Kapitel 2.2 die Grundsätze und Theorien der Führung näher beleuchtet.

2.2 GRUNDSÄTZE UND THEORIEN DER FÜHRUNG

2.2.1 Definition von Führung

„Unter Führung wird im Allgemeinen ein sozialer Beeinflussungsprozess verstanden, bei dem eine Person (der Führende) versucht, andere Personen (die Geführten) zur Erfüllung gemeinsamer Aufgaben und Erreichung gemeinsamer Ziele zu veranlassen" (Steyrer, 2015).

Dementsprechend lautet eine weitere klassische Definition: „Führung ist ein Prozess der Beeinflussung anderer, um Verständnis und Akzeptanz dahingehend zu erzeugen, was und wie es getan werden muss, sowie ein Prozess, der individuelle und kollektive Anstrengungen zur Erreichung gemeinsamer Ziele erleichtert" (Yukl, 2013).

Damit Unternehmen ihre Ziele erreichen und erfolgreich sein können, müssen die Menschen zu koordiniertem, ausgerichtetem Handeln angeleitet werden. Das bedeutet einerseits, dass die Ausrichtung des Handelns der Menschen an einem gemeinsamen Ziel orientiert sein muss und das ist der Unternehmenserfolg. Andererseits müssen die Aufgaben so gesteuert werden, dass sie zweckmäßig, abgestimmt und effizient erfüllt werden können. Beide Faktoren der Koordination erfolgen nicht selbstverständlich und daher ist es erforderlich, dass bestimmte Menschen diese Aufgaben der Unternehmensführung übernehmen vgl. (Hungenberg & Wulf, 2015, pp. 19-20).

Unternehmensführung als Institution bedeutet also, dass Menschen, die aufgrund rechtlicher oder organisatorischer Regelungen dazu legitimiert sind, anderen Personen Weisungen erteilen können, denen diese Folge zu leisten haben. Dauerhaft in einem Unternehmen tätige Mitglieder der Unternehmensführung werden auch als Führungskräfte oder Manager*innen bezeichnet. Je nach Unternehmensgröße werden hierarchische Gliederungen in mehreren Führungsebenen unterschieden. Die oberste Führungsebene, auch Top Management genannt, nimmt die Führungsfunktion für das Gesamtunternehmen wahr, die mittleren und unteren Führungsebenen dienen der organisatorischen Untergliederung nach Fachbereichen vgl. (Hungenberg & Wulf, 2015, pp. 20-21).

Bei dem Begriff „Institutionales Führungsverständnis" handelt es sich um eine Führung von Organisationen, die sich durch Entscheidungsgewalt auszeichnet, um Handlungen auf angestrebte Ziele hin auszurichten vgl. (Dillerup & Stoi, 2016, p. 10).

Im Gegensatz dazu beschreibt „Funktionales Führungsverständnis" alle Handlungen, die erforderlich sind, um die Planung, die Steuerung und die Kontrolle der Mitarbeiter*innen in einem Unternehmen zu bewerkstelligen. Darunter versteht man, dass alle Mitarbeiter*innen diverse Aufgabenbereiche verantworten und nicht nur angeleitete Tätigkeiten ausführen (Dillerup & Stoi, 2016, p. 10).

Für Unternehmensführung als Funktion oder Tätigkeit wird oft der Begriff Management verwendet. Management bezeichnet einen Prozess, in dem Entscheidungen gefällt und verwirklicht werden. Teilprozesse in diesem Bereich sind, wie bereits im vorherigen Absatz erwähnt, die Planung, die Steuerung und die Kontrolle, die eine logische, ideale Weise des Führungshandelns darstellen. Im Planungsprozess werden Ziele und deren Erreichung mit entsprechenden Maßnahmen definiert. Die Steuerung stellt die Realisierung der Planung durch konkrete Umsetzung dieser Pläne und Aufgabenpakete, sowie die Zuordnung dieser Aufgaben sicher, um die Erfüllung durch die Mitarbeiter*innen gewährleisten zu können. Mittels Kontrolle werden die Ergebnisse des Handelns ermittelt und bei Abweichungen korrigiert. Im Sinne einer Regelschleife stellt die Kontrolle sowohl das Ende als auch den Anfangspunkt für den Führungsprozess dar vgl. (Hungenberg & Wulf, 2015, pp. 22-23).

Eine weitere Dimension stellt die Umsetzung der von der Unternehmensführung festgelegten Maßnahmen durch die Mitarbeiter*innen dar, die mit der Ausführung der entsprechenden Aufgaben beauftragt wurden. Führungs- und Ausführungsebene werden in vielen Unternehmen getrennt, um das Verständnis für Zusammenhänge, sowie entsprechende Fachkenntnisse und Neutralität bei Kontrollen zu gewährleisten. Den Ausführenden fehlt daher oft das Verständnis für Zusammenhänge, allerdings besitzen sie umfangreiche Fachkenntnisse durch die Spezialisierung in ihrem Aufgabenbereich und die Trennung zwischen Durchführung und Kontrolle ermöglicht wie bereits erwähnt neutrale Bewertungen. Aufgabe der Führungskräfte ist es aus diesen Gründen, langfristig und gesamtheitlich zu denken, wofür keine vertieften Fachkenntnisse notwendig sind. Durch die Kontrolle wird die Ausrichtung des Verhaltens der Mitarbeiter*innen an den Plänen gesteuert und deren Leistung beurteilt vgl. (Dillerup & Stoi, 2016, pp. 46-47).

Im nächsten Unterkapitel wird nun auf die Führungstheorien näher eingegangen, welche die Prozesse und Aufgaben der Führungskräfte für eine wirksame Führung beschreiben.

2.2.2 Führungstheorien

Wie der Beeinflussungsprozess durch Führung erfolgreich gestaltet werden kann, wurde in zahlreichen Theorien behandelt. Es wird zwischen universellen und situativen Theorien unterschieden, die Konzepte für wirksame Führung systematisieren. Bei universellen Theorien geht man davon aus, dass es eine ideale Herangehensweise bei der Führung gibt. Dagegen behaupten situative Führungstheorien, dass effektive Führung von der Situation, dem Verhalten der Führungskraft, sowie des/der Geführten und der Komplexität der Aufgabe abhängen. Zusätzlich wird zwischen Eigenschafts- und Verhaltenstheorien unterschieden. Die Eigenschaftstheorien gehen davon aus, dass es Persönlichkeitsmerkmale und -eigenschaften gibt, welche den Erfolg von Führungskräften beeinflussen. Bei den Verhaltenstheorien geht es darum, welche Verhaltensweisen welche Auswirkungen auf den Führungserfolg haben vgl. (Steyrer, 2015, pp. 30-33).

Der Grundgedanke der universellen Eigenschaftstheorie ist es, Merkmale von Personen zu identifizieren, die dem Führungserfolg zuzuordnen sind. Persönlichkeitsmerkmale, die im Zusammenhang mit direktem Führungserfolg gesehen werden, werden folgend gruppiert vgl. (von Rosenstiel & Nerdinger, 2020, pp. 25-29):

- Befähigung (Intelligenz, Wachsamkeit, verbale Gewandtheit, Originalität, Urteilskraft),
- Leistung (Schulleistung, Wissen, sportliche Leistung),
- Verantwortlichkeit (Zuverlässigkeit, Initiative, Ausdauer, Aggressivität, Selbstvertrauen, der Wunsch, sich auszuzeichnen),
- Teilnahme (Aktivität, Soziabilität, Kooperationsbereitschaft, Anpassungsfähigkeit, Humor), sowie
- Status (sozioökonomische Position, Popularität).

Die Kritiker*innen der Eigenschaftstheorie weisen berechtigterweise darauf hin, dass unter bestimmten Rahmenbedingungen gewisse Eigenschaften teilweise den Führungserfolg fördern, aber andererseits auch keinen Einfluss darauf haben können. Positive Einwirkungen auf den Erfolg werden häufig mit bestimmten Eigenschaften in Verbindung gebracht, obwohl Faktoren, die aus der Rolle heraus diese Eigenschaften verstärken, nicht beachtet werden und weitere Variablen, wie z.B. die Sozialschicht, gar keine Betrachtung finden. Das Persönlichkeitseigenschaften gänzlich irrelevant für den Führungserfolgt sind, lässt sich daraus jedoch nicht ableiten. Vereinfacht kann man sagen, dass jemand, der als Führungskraft erfolgreich sein will, über folgende Eigenschaften verfügen sollte vgl. (von Rosenstiel & Nerdinger, 2020, pp. 25-29):

- Intelligenz – die über dem Durchschnitt der Mitarbeiter*innen liegt,
- Sozialkompetenz – um sich auf unterschiedliche Menschen und Situationen einstellen zu können,
- Zielgerichtetheit – damit unter Beweis gestellt wird, dass Motivation und Willensstärke zur Erreichung eines

Zieles vorhanden sind,

- Offenheit für neue Erfahrungen – um flexibel auf Herausforderungen einer sich verändernden Situation reagieren zu können, sowie
- Lernfähigkeit und -bereitschaft – zur Einstellung auf neue Situationen und zur Evaluierung von Strategien und deren Erneuerung.

Die Eigenschaften müssen dabei unbedingt im Kontext zur Führungssituation und den Persönlichkeitsmerkmalen der geführten Person gesehen werden vgl. (von Rosenstiel & Nerdinger, 2020, pp. 25-29).

Zu den bedeutendsten Gruppen von Führungstheorien zählen jedoch die Verhaltenstheorien und die Situationstheorien. Sie gehören beide zu den transaktionalen Führungsmodellen. Bei den Verhaltenstheorien wird Führungserfolg als Ergebnis des Führungsverhaltens angesehen. Bei den Situationstheorien wird Führungserfolg nicht nur auf das Führungsverhalten, sondern auch auf weitere Faktoren wie Aufgabenstellung, Fähigkeiten der Mitarbeiter*innen und externe Faktoren zurückgeführt. Es findet ein wechselseitiger Austausch zwischen der Leistung der Mitarbeiter*innen und der Gegenleistung der Führungskraft in Form von Belohnung oder Bestrafung statt. Als wichtigster Einflussfaktor wird bei den Verhaltenstheorien der Führungsstil des Vorgesetzten angesehen. Führungsstile lassen sich in ihren Dimensionen der Ansätze weiter unterteilen vgl. (Dillerup & Stoi, 2016, pp. 664-672).

Ein Entwurf für mehrere Dimensionen des Verhaltens ist das Verhaltensgitter (Managerial Grid) von Blake und Mouton (Blake & Adams McCanse, 1992, pp. 47-56), welches das Führungsverhalten in die horizontale Achse der Sachorientierung, in die vertikale Achse der Menschenorientierung und als Schnittpunkt der beiden Achsen in die Motivation gliedert. Unter Sachorientierung wird die Orientierung an Ergebnissen, Resultaten, Leis-

tungen, Gewinnen und dem Unternehmenszweck verstanden.
Menschenorientierung drückt aus, wie die innere Einstellung von
Manager*innen zu Menschen beschrieben werden kann. Sind die
führenden Manager*innen z.b. eigennützig, manipulativ, offen,
freundlich, kompromissbereit oder selbstsüchtig, zerstörerisch,
verschlossen, wirkt sich dieses Verhalten unterschiedlich auf das
Erzielen von Ergebnissen aus. Die Intensität in der Ausprägung
der Achsen Sach- und Menschenorientierung bestimmt, wie eine
Führungskraft das Ziel effektiver Ergebnisse erreichen will. Mit
den Fragestellungen zu den Hauptelementen Konfliktlösung, Initiative, Fragen, Standpunkt, Entscheidung und konstruktive Kritik, welche für eine effektive Führung unerlässlich sind, lassen
sich Theorien im Gitterstil wie angeführt entwickeln vgl. (Blake &
Adams McCanse, 1992, pp. 37-71):

- Führungsstil 1,1 – Führungsverhalten „Überlebensma-
  nagement": Geforderte Arbeit wird unter minimaler
  Anstrengung verrichtet, um sich gerade noch im Unternehmen zu halten.
- Führungsstil 1,9 – Führungsverhalten „Glacéhand-
  schuh-Management": Auf die Bedürfnisse der Mitarbeiter*innen wird Rücksicht genommen und zwi-
  schenmenschliche Beziehungen stehen im Vordergrund, was ein gemächliches Arbeitstempo, sowie
  freundliches Betriebsklima ergibt.
- Führungsstil 5,5 – Führungsverhalten „Organisations-
  management": Durch die Herstellung eines Gleich-
  gewichts zwischen der Notwendigkeit die Arbeit
  zu verrichten und der Aufrechterhaltung der Be-
  triebsmoral wird eine durchschnittliche Leistung
  bei durchschnittlicher Mitarbeiter*innen-zufrieden-
  heit erreicht.
- Führungsstil 9,1 – Führungsverhalten „Befehl-Gehor-
  sam-Management": Der Einfluss persönlicher Faktoren
  wird auf ein Minimum beschränkt, die Arbeitsleistung
  stark betont und zwischenmenschlichen Beziehungen

wenig Beachtung geschenkt.

- Führungsstil 9,9 – Führungsverhalten „Team-Management": Engagierte Mitarbeiter*innen erbringen hohe Arbeitsleistung im gemeinsamen Einsatz für das Unternehmensziel. Es verbinden sich Menschen in Vertrauen und gegenseitiger Achtung. Gleichzeitige Betonung auf hohe Aufgaben- und Mitarbeiter*innen-Orientierung ermöglicht hohe Arbeitsleistung.

Abbildung 1 zeigt die Dimensionen des Verhaltensgitters.

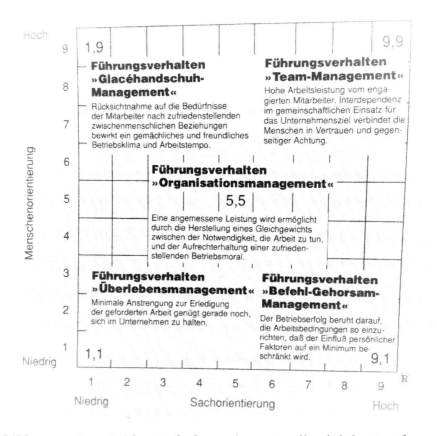

Abbildung 1: Das Grid – Verhaltensgitter, Quelle: (Blake & Adams McCanse, 1992, p. 51)

Das Verhaltensgitter dient als Grundmodell für ein System effek-

tiver Führung und impliziert den Führungsstil 9,9 als einzig er-
folgsversprechend. Da die Wahl des Führungsstils auch von der
Situation, den betroffenen Mitarbeiter*innen und der Aufgaben
abhängt, beschreibt dieser Ansatz den Weg zum Führungserfolg
nicht endgültig vgl. (Dillerup & Stoi, 2016, pp. 673-674).

Die situative Führungstheorie von Hersey und Blanchard (Hersey
& Blanchard, 1982, pp. 151-170) betrachtet ebenfalls die Auf-
gaben- und Mitarbeiter*innen-Orientierung, sowie deren Zusammenhang mit dem Reifegrad der Mitarbeiter*innen. Der Reifegrad
der Mitarbeiter*innen wird durch zwei Eigenschaften definiert,
und zwar durch die Fähigkeit, die Aufgabe zu erfüllen und die psychologische Reife, die sich in Selbstbewusstsein, Motivation und
Verantwortungsbereitschaft ausdrückt vgl. (Dillerup & Stoi, 2016,
p. 676). Hersey und Blanchard definieren diesbezüglich die vier
Führungsstile vgl. (Hungenberg & Wulf, 2015, pp. 323-325):

- Unterweisung (Telling): Die Aufgabenorientierung ist
  im Vordergrund. Die Führungskraft trifft mit einem autoritären Führungsstil die Entscheidungen und die Geführten erhalten genaue Anweisungen, welche sie exakt
  ausführen müssen.
- Verkaufen (Selling): Hohe Aufgabenorientierung und
  ebenso Zielorientierung werden bei diesem Führungsstil vereint, aber dennoch entscheidet die Führungskraft autonom. Mit rationaler Argumentation und einer
  positiven zwischenmenschlichen Beziehung versucht
  die Führungskraft, Akzeptanz für die Verteilung der
  Aufgaben zu gewinnen.
- Beteiligung (Participating): Bei diesem partizipativen
  Führungsstil teilt die Führungskraft zwar die Aufgaben
  und zeigt Probleme der Mitarbeiter*innen auf, aber für
  die Lösungsfindung und Bewältigung trägt der jewei-
  lige Mitarbeiter*innen eigenständig sorge. Entscheidungen werden gemeinsam getroffen und die persönliche Beziehung zwischen Führungskraft und Mitarbei-

ter*innen steht im Vordergrund.

- Delegation (Delegating): Die Führungsposition wird von der Führungskraft nur mehr schwach wahrgenommen, indem sämtliche Verantwortung an den Mitarbeiter*innen delegiert wird und sich die Führungskraft selbst nur auf gelegentliche Kontrollen beschränkt.

Die Wahl des Führungsstils hängt demnach vor allem vom Reifegrad der Mitarbeiter*innen als situationsbedingte Variable ab. Zu beachten ist, dass dieser bei der Erfüllung einer konkreten Aufgabe zwischen hoch und niedrig variieren kann vgl. (Hungenberg & Wulf, 2015, p. 324).

Die Reifegrade werden in vier Stadien eingeteilt und mit einem entsprechenden Führungsstil verknüpft vgl. (Hersey & Blanchard, 1982, pp. 151-152), vgl. (Dillerup & Stoi, 2016, pp. 676-677), vgl. (Hungenberg & Wulf, 2015, pp. 324-325):

- Reifegrad M1: Mitarbeiter*innen mit niedrigen Fähigkeiten und geringer psychologischer Reife. Wichtige Fähigkeiten, Wissen, Erfahrungen und Motivation zur Lösung der Aufgabensituation fehlen. Zur Anwendung kommt der Führungsstil der Unterweisung (Telling).
- Reifegrad M2: Die psychologische Reife, womit in diesem Fall die Motivation gemeint ist, ist vorhanden, aber die Fähigkeiten für die Bewältigung der Aufgabe fehlen. Bei Mitarbeiter*innen mit geringem bis mäßigem Reifegrad kommt der Führungsstil des Verkaufens (Selling) zur Anwendung.
- Reifegrad M3: Fähigkeiten, Wissen und Erfahrungen sind vorhanden, aber die psychologische Reife in Form von Motivation für die Aufgaben ist nicht vorhanden. Mitarbeiter*innen können eine aktive Rolle bei der Entscheidungsfindung und Durchführung einnehmen und es wird der Führungsstil der Beteiligung (Participating) angewandt.
- Reifegrad M4: Sowohl Fähigkeiten, Wissen und Erfahrung, als auch psychologische Reife in Form von Motivation sind bei den Mitarbeiter*innen vorhanden. Mitarbeiter*innen mit generell hohem Reifegrad sollten möglichst selbständig arbeiten können.

Diesen Führungstheorien liegen Annahmen zugrunde, die sich auf das Führungsverhalten, situative Faktoren und persönliche Eigenschaften von Führungskraft und Mitarbeiter*innen beziehen und sollen eine erfolgreiche Personalführung ermöglichen. Eine allgemeine Führungstheorie existiert generell aufgrund der Komplexität und Individualität der Beteiligten Führungskraft und Geführter nicht, aber die hier vorgestellten Ansätze bildenden eine

Basis für die Formulierung der anschließenden Führungsprinzipien und -modelle (Dillerup & Stoi, 2016, p. 677).

2.2.3 Management by – Führungsprinzipien

In der Vergangenheit sind einige unterschiedliche Führungstechniken entwickelt worden, die Führungskräften durch bestimmte Prinzipien und Regeln eine Richtung für das Führungsverhalten geben. Die Auswahl einer Management-by-Technik kann nur unter der Berücksichtigung einer konkreten Situation und der Aufgabenstellung erfolgen. Keine der genannten Techniken ist als geschlossenes System zu sehen, vielmehr reichen die Techniken von einfachen Handlungsrichtlinien bis zu Managementmodellen. Die untenstehende Aufzählung nennt sowohl personen- als auch sachbezogene Management-by-Techniken vgl. (Simon, 2006, pp. 289-299).

Management by Objectives (MbO):
Die Leitung durch Zielvereinbarung ist eine Technik der zielorientierten Unternehmensführung und kann als Gegenbewegung zu Bürokratie und reiner Verfahrensorientierung verstanden werden. Es ist ein Führungskonzept, bei dem Vorgesetzte und nachfolgende Manager*innen gemeinsame Ziele festlegen, den Verantwortungsbereich für bestimmte Ergebnisse abstecken, die Abteilung führen und die Leistungsbeiträge der Mitarbeiter*innen bewerten vgl. (Simon, 2006, pp. 289-299).

Die Führung durch Zielvereinbarung und Kontrolle beschreibt zudem, dass Ziele zusammen mit den Mitarbeiter*innen kooperativ erarbeitet und nicht autoritär durch den/die Vorgesetzte*n bestimmt werden sollen. Die gemeinsame Erarbeitung wirkt sich positiv auf die Akzeptanz und Leistungsmotivation der Mitarbeiter*innen aus. Ein Entscheidungsspielraum für die Mitarbeiter*innen, in dem er/sie die vorgegebenen Ziele nach seinen/ihren Vorstellungen realisiert, ist somit gegeben. Management by Objectives ist eine Technik der zielorientierten Unternehmensführung vgl. (Dillerup & Stoi, 2016, p. 678).

In der ersten Phase steht die Vereinbarung von Zielen im Vordergrund, wobei als Voraussetzung für den Erfolg alle Unternehmensziele zunächst verstanden werden müssen. Hierbei handelt es sich um strategische Ziele, die mittel- bis langfristig festgelegt und auf die Abteilungs- und Bereichsebene heruntergebrochen werden. Daraus leiten sich die kurzfristigen Ziele der einzelnen Mitarbeiter*innen ab, welche über einen Zeitraum von etwa einem Jahr reichen. Gemeinsam mit der Führungskraft werden diese Ziele dann festgelegt, wobei die Mitarbeiter*innen selbst entscheiden können, wie sie die Ziele erreichen wollen. Die Zielvereinbarung wird wechselweise abgestimmt, in Oberziele bis zu operationalen Abteilungszielen konkretisiert und schließlich akzeptiert vgl. (Simon, 2006, pp. 298-299).

Dieser Vorgang wiederholt sich auf jeder Führungsebene in jeder Periode. Es werden auch Leistungsstandards vereinbart, um Ziele besser messbar zu machen. Aus ihnen kann man ersehen, wann genau ein Ziel erreicht ist. Ziele müssen präzise formuliert werden und terminbezogen sein, um den tatsächlichen Grad der Zielerreichung bestimmen zu können. Um die Kontrolle dahingehend zu ermöglichen, sind Zielkriterien wie Zwischenziele, Ober- und Untergrenzen, sowie Toleranzbereiche festzusetzen vgl. (Simon, 2006, pp. 298-299).

Ziele müssen widerspruchsfrei, realistisch, erreichbar, weder zu hoch, noch zu niedrig angesetzt sein und so formuliert werden, dass die Mitarbeiter*innen selbst beurteilen können, wann sie wie weit vom Ziel entfernt sind. Es müssen Kontrollverfahren vereinbart werden, um die Zielerreichung in entsprechender Weise kontrollieren zu können. Die Mitarbeiter*innen erreichen ihre Ziele selbständig, wobei eine Unterstützung durch die Führungskraft nur geschehen darf, wenn die Zielerreichung aufgrund von Ausnahmefällen gefährdet ist. In regelmäßigen Fortschrittsbesprechungen wird die Zielerreichung kontrolliert und Zielabweichungen werden analysiert. Die vereinbarten Ziele gelten nicht unendlich, sondern werden in ständiger Diskussion zwischen Führungskraft und Mitarbeiter*innen fortgeschrieben vgl. (Simon, 2006, pp. 298-299).

Die Vorteile des Prinzips sind die Folgenden:
- Führungskräfte werden entlastet.
- Eigeninitiative, Verantwortung und Leistungsmotivation der Mitarbeiter*innen werden gefördert.
- Identifikation mit den Unternehmenszielen wird hergestellt.
- Höhere Objektivität bei der Mitarbeiter*innenbeurteilung als Grundlage für eine leistungsgerechte Entlohnung ist gegeben.

Die Kritik des Prinzips enthält folgende Punkte:
- Für alle Ebenen eindeutige, messbare Ziele zu definieren ist schwierig.
- Die Planung und Zielbildung ist zeitintensiv.
- Es besteht die Gefahr des überhöhten Leistungsdrucks bei den Mitarbeiter*innen.
- Die Vernachlässigung qualitativer Aspekte durch den Fokus auf messbare Größen ist nachteilig.
- Das Führungssystem ist nicht für alle Mitarbeiter*innen geeignet.

vgl. (Dillerup & Stoi, 2016, p. 678).

Management by Delegation (MbD)
Durch die Übertragung von weitgehender Entscheidungsfreiheit und die abgegebene Verantwortung kennzeichnet sich dieses Führungsprinzip. Der Kompetenzbereich wird durch klare Stellen-, Aufgaben-, und Zuständigkeitsbeschreibungen definiert. Diese Technik wird vielfach mit dem Harzburger Modell gleichgesetzt, welches jedoch nicht allein auf Management by Delegation basiert vgl. (Simon, 2006, pp. 289-299).

Dieses Führungsprinzip bezeichnet die Führung durch Aufgabenübertragung, also weitgehende Delegation von Kompetenzen an untergeordnete Hierarchieebenen. Den Mitarbeiter*innen werden die Verantwortung und weitgehende Entscheidungsfreiheit über einen Aufgabenbereich eingeräumt. Nur wenn Probleme auftreten, die die Mitarbeiter*innen nicht selbst lösen können, greift der/die Vorgesetzte ein. Die Mitarbeiter*innen übernehmen die Handlungsverantwortung, die Führungsverantwortung bleibt jedoch bei dem/der Vorgesetzten vgl. (Dillerup & Stoi, 2016, p. 678).

Es sind klare Stellen-, Aufgaben-, und Tätigkeitsbeschreibungen notwendig, um ein selbständiges Arbeiten im Kompetenzbereich der Mitarbeiter*innen zu ermöglichen vgl. (Simon, 2006, p. 291).

Die Vorteile des Prinzips schlagen sich wie folgt nieder:
- Führungskräfte und das Management werden entlastet
- Eigeninitiative und Leistungsmotivation der Mitarbeiter*innen werden gefördert.
- Durch klare Aufgabenbereiche und Stellenbeschreibungen wird Transparenz geschaffen.
- Mitarbeiter*innenkompetenzen werden effizient genutzt.
- Durch Dezentralisierung von Entscheidungsbefugnissen werden Entscheidungen schneller getroffen.
- Die Führungsebenen werden schlanker.

Die Kritik des Prinzips liegt in folgenden Aspekten:
- Die Zusammenarbeit zwischen den Mitarbeiter*innen wird nicht gefördert.
- Es besteht die Gefahr, dass nur unattraktive Aufgaben delegiert werden.
- Bürokratischen Überregulierung und Hierarchieverfestigung können eintreten.
- Eine starke Aufgabenorientierung zulasten der Mitarbeiter"innen-Orientierung findet statt.

vgl. (Dillerup & Stoi, 2016, p. 679).

Management by Exception (MbE)

Nach dem Ausnahmeprinzip wird die Führung hier auf der Identifizierung und Klassifizierung von Problemen aufgebaut. Das Informations- und Kommunikationssystem signalisiert der Führungskraft, wann sie eingreifen muss und wann nicht. Diese Technik setzt voraus, dass Sachaufgaben in Arbeitsteilung erfolgen und dass es eine Kontrolle auf den Toleranzbereich hin, sowie auf die Delegierung von Verantwortung und Weisungsbefugnis hingibt. Liegt eine Abweichung im Toleranzbereich, spricht man von einem Normalfall, liegt sie hingegen außerhalb des definierten Bereichs, wird sie zu einem Ausnahmefall. Es wird aktiv nach Ausnahmefällen gesucht und erst bei Bestehen von Ausnahmesituationen von der Führungskraft eingegriffen vgl. (Simon, 2006, pp. 289-299).

Dieses Management-Prinzip zeichnet sich damit durch Führung durch Abweichungskontrolle aus. Es werden Aufgaben an Mitarbeiter*innen delegiert und gleichzeitig Entscheidungs- bzw. Ermessensspielräume für die Aufgabenerfüllung, wie etwa Investitions- oder Auftragshöhen, eingeräumt. Abweichungen werden innerhalb gewisser Grenzen toleriert und Eingriffe in die Entscheidungsprozesse der Mitarbeiter*innen erfolgen nur bei Ausnahmesituationen. Das Management by Exception eignet sich vor allem auf mittleren Unternehmensebenen vgl. (Hungenberg & Wulf, 2015, pp. 330-331).

Die Einteilung dieser Technik erfolgt in vier Phasen. Die erste Phase ist die Mess- und Projektierungsphase, bei welcher vergangenheitsorientierte und gegenwärtige Daten gesammelt, analysiert und in die Zukunft projiziert werden. Phase zwei dient der Kriterienauswahl und deren Bewertung zur Bestimmung der Ausnahmefälle, indem die Kriterien zur Messung des Erfolges und die zulässigen Toleranzen bestimmt werden. Die Beobachtungs- und Vergleichsphase als dritte Phase dient dem Vergleich von Soll- und Ist-Leistung, um zu beurteilen, ob es sich um einen Normalfall (bearbeitet von den Mitarbeiter*innen) oder einen Ausnahmefall (wird dem/der zuständigen Manager*in vorgelegt) handelt. Als vierte Phase ist die Entscheidungsphase zu nennen, bei welcher der/die Manager*in die durchzuführenden Maßnahmen bestimmt. Es gilt die Leistungserstellung mit den gesetzten Zielen in Einklang zu bringen und bei neuen Möglichkeiten die Zielsetzung eventuell zu überarbeiten vgl. (Simon, 2006, pp. 295-296).

Sachaufgaben werden an die Mitarbeiter*innen abgegeben und da vereinbarte Ziele schwer exakt erreicht werden können, wird ein Toleranzbereich mit Abweichungsgrößen definiert. Um das Funktionieren dieser Technik zu gewährleisten müssen:
- die Aufgabengebiete klar abgegrenzt werden,
- eine realistische Grundlagenplanung vorhanden sein,
- den Mitarbeiter*innen die notwendigen Kompetenzen übertragen werden,
- die Verantwortung über den Funktionsbereich von Mitarbeiter*innen voll übernommen werden,
- die Toleranzbereiche genau definiert werden und auch überprüfbar sein und
- die Kontrolle tatsächlich durchgeführt werden.

vgl. (Simon, 2006, p. 295).

Die Vorteile des Prinzips sind:
- Führungskräfte werden von Routineaufgaben entlastet.
- Der nötige Informationsfluss zwischen Führungskraft und Mitarbeiter*innen wird auf Ausnahmen reduziert.
- Durch selbständiges Arbeiten verbessert sich die Mitarbeiter*innen-Motivation.
- Die Beurteilung der Mitarbeiter*innen wird durch objektive Bewertungskriterien erleichtert.

Die Kritik des Prinzips setzt sich zusammen aus diesen Elementen:
- Es besteht die Gefahr von Fehleinschätzungen der Mitarbeiter*innen.

- Toleranzgrenzen sind schwierig festzulegen.
- Die Führungsaufgaben werden auf die Beseitigung von Störungen reduziert.
- Es gibt kaum Lerneffekte und die Gefahr der Demotivation besteht, da anspruchsvolle Aufgaben dem/der Vorgesetzten vorbehalten bleiben.
- Weitgehende Unterdrückung von innovativen Ideen und Ansätzen zur Veränderung von eingespielten Unternehmensabläufen können eintreten.

vgl. (Dillerup & Stoi, 2016, p. 679).

Management by Systems (MbS)

Diese Führungstechnik basiert auf der betriebswirtschaftlichen Systemtheorie. Die Führung erfolgt durch Systematisierung aller Leistungs- und Kontrolltätigkeiten, wobei betriebliche Abläufe in Form von Regelkreisen organisatorisch gestaltet werden. Der Regelkreis wird mit einem Regler mithilfe von Stellgrößen und einem Regelobjekt definiert und die Zielgrößen (Soll-Größen) werden mittels Abweichungsanalyse überwacht und korrigiert. Nach Erreichung werden zukunftsorientierte Werte vorgekoppelt und lösen eventuell Anpassungen aus. Einzelne Unternehmensteile werden als Regelkreise betrachtet und werden mit den Elementen Verfahrensordnung, Methoden und Systeme kombiniert vgl. (Simon, 2006, pp. 289-299).

Diese Systematisierung aller Leistungs- und Kontrolltätigkeiten auf Basis der betriebswirtschaftlichen Systemtheorie ist also das Hauptkennzeichen dieser Führungstechnik. Das Unternehmen wird dabei als ein System angesehen, das aus vernetzten Subsystemen besteht und die Teile des Unternehmens werden als Regelkreise betrachtet, während betriebliche Abläufe in der Art von Regelkreisen organisatorisch gestaltet werden. Die Führung erfolgt dann durch Systemsteuerung des Regelkreises, welcher, wie zuvor beschrieben, aus Regler und Regelobjekt besteht. Eine Annäherung der erreichten Ist-Größen an die vorgegebenen Ziele, der Soll-Größen, soll durch Kontrolle und den Soll-Ist-Vergleich erfolgen.

Durch die Abweichungsanalyse werden Differenzen offensichtlich gemacht und die daraus resultierenden Korrekturinformationen (Regelgrößen) werden in Form einer Rückkopplung an den Regler geleitet vgl. (Simon, 2006, pp. 293-294).

Folgende Elemente stehen für die Systematisierung zur Verfügung: Die Verfahrensordnungen, welche die einheitliche Durchführung von sich wiederholenden Tätigkeiten angeben und die Zuordnung, die angibt, welche Aufgaben von welchen Mitarbeiter*innen zu welchem Zeitpunkt zu erledigen sind. Als Methoden werden manuelle und mechanische Hilfsmittel für Verwaltungstätigkeiten verwendet, welche regeln, wie bestimmte Tätigkeiten durchzuführen sind. Die Systeme sind in diesem Zusammenhang als Netzwerke von verknüpften Verfahrensordnungen zu verstehen und dienen der Koordination der Verfahrensvorschriften und Methoden innerhalb der einzelnen Bereiche. Sie verbinden Einzeltätigkeiten zu einem strukturierten Ganzen vgl. (Simon, 2006, p. 294).

Die Vorteile des Prinzips stellen sich folgendermaßen dar. Es kommt zu:

- einer Entlastung der Führungskräfte,
- einer Reduzierung von kostenintensiven Stellen,
- einer Klarheit der Systeme und der damit verbundenen Verhaltens- und Arbeitsanweisungen,
- vereinfachten, optimierten Arbeitsabläufen,
- vereinfachter Kommunikation, sowie
- einer Verbesserung der Transparenz durch klare Strukturen und Regeln innerhalb des Systems.

Die Kritik des Prinzips sieht so aus. Es kommt ebenfalls zu:

- einem hohen Aufwand bei der Einführung des Systems,
- einer zusätzlich geschaffenen Bürokratie,
- einer langsamen Anpassung für Ausnahmefälle durch dieses starre System,
- zu wenig Raum für die Eigenverantwortung der Mitarbeiter*innen,

- einer sinkenden Motivation durch die Vielzahl von Regeln, sowie
- einer Vernachlässigung der menschlichen Führung, da das Unternehmen als Mechanismus und nicht als lebendiger Organismus gesehen wird.

vgl. (BWL Lexikon, 2021).

Management by Results (MbR)
Diese Technik ist ein ergebnisorientiertes Konzept, welches auf der Vorgabe von vorwiegend quantitativen Zielen basiert. Zuerst werden die Ziele von dem/der Vorgesetzten vorgegeben und anschließend in Form eines Soll-Ist-Vergleiches kontrolliert, um auf diese Weise eine effiziente Führung zu sichern. Die erreichten Ziele führen dann zu neuen Zielen, welche weiterverfolgt werden. Die Mitarbeiter*innen sollen sich auf wenige, möglichst quantitative Ziele konzentrieren und über den jeweiligen Erfüllungsgrad der Zielerreichung Bericht erstatten vgl. (Simon, 2006, pp. 289-299).

Die Vorteile des Prinzips sind dabei:
- eine Vorgabe von klaren Zielen und
- eine einfache Kontrolle.

Die Nachteile des Prinzips lassen sich in folgende Schlagworte untergliedern:
- Bereichsegoismus,
- ausschließliche Zahlenorientierung und
- Demotivation der Mitarbeiter*innen bei unerreichbaren Vorgaben.

vgl. (Dillerup & Stoi, 2016, p. 679)

Im Folgenden werden weitere Management by – Prinzipien der Vollständigkeit halber kurz erwähnt:

Management by Participation (MbP)
Die Grundüberlegung besteht darin, dass die Leistung der Mitarbeiter*innen steigt, wenn sie sich mit den Unternehmenszielen

identifizieren und in den Zielbildungsprozess miteinbezogen werden. Diese Identifikation wird durch die Beteiligung der Mitarbeiter*innen an der Formulierung der Ziele erreicht vgl. (Simon, 2006, pp. 289-299).

Management by Motivation

Hier wird versucht, die individuellen Ziele der Mitarbeiter*innen zu erkennen, indem die Erkenntnisse aus der Motivationslehre angewandt werden. Damit die Mitarbeiter*innen sich mit den Zielen der Organisation identifizieren können, wird die Arbeitsaufgabe z.b. mit großer Autonomie oder großer Eigenkontrolle als zusätzliche Maßnahme festgelegt vgl. (Simon, 2006, pp. 289-299).

Management by Control and Direction

Diese Methode ist den kooperativen Methoden entgegengerichtet und drückt einen autoritären Führungsstil aus. Exakte Arbeitsanweisungen und strenge Kontrolle unterdrücken die Eigeninitiative, wobei zur Stabilisierung Druck von oben angewandt wird vgl. (Simon, 2006, pp. 289-299).

Management by Decision Rules

Die Führungskraft delegiert Aufgaben und gibt gleichzeitig Entscheidungsregeln vor, die bei der Durchführung der Aufgaben eingehalten werden müssen. Die Voraussetzungen dafür sind vorhersehbare Situationen wie Routineaufgaben, um entsprechende Regeln im Voraus festlegen zu können vgl. (Simon, 2006, pp. 289-299).

Management by Alternatives

Vor einer Entscheidung werden mehrere Handlungsalternativen gesucht. Aspekte technischer und psychologischer Art werden berücksichtigt vgl. (Simon, 2006, pp. 289-299).

Management by Innovations

Hier wird ein Schwerpunkt in der systematischen Ideenproduktion und Kreativität der Mitarbeiter*innen unter Verwendung von Kreativitätstechniken gesetzt, um durch diese Innovationen das

Unternehmen zu erhalten vgl. (Simon, 2006, pp. 289-299).

Management by Ideas

Darunter versteht man die Zugrundelegung des betrieblichen Geschehens in Form einer Vision, eines Leitmotivs oder Leitbildes. Mit einer solchen Führungsphilosophie kann über das praktische Handeln und eine gültige Richtschnur der Erfolg der Managementmethode sichergestellt werden vgl. (Simon, 2006, pp. 289-299).

Management by Breakthrough

Bei diesem Führungsprinzip werden zwei Ziele gleichzeitig verfolgt. Einerseits sollen neue Leistungsebenen erreicht werden und andererseits der Zustand der derzeitigen Leistung gesichert werden. Dabei ist die Bereitschaft zur ständigen Innovation erforderlich und die Erkenntnis, dass schnelle Änderungen ein wesentlicher Bestandteil des Betriebsprozesses sind, ist sogar essentiell. Entscheidungen sollten auf detaillierten Situationsanalysen beruhen, während für die Kontrolle erprobte Maßstäbe und Standards vorhanden sein müssen vgl. (Simon, 2006, pp. 289-299).

Die Popularität der Management by - Führungstechniken gründet sich auf der Tatsache, dass die genannten Techniken sowohl praktische Handlungsanweisungen, als auch Verhaltens- und Orientierungshilfen für die Führungskräfte bieten. Die Bandbreite der unterschiedlichen Führungstechniken reicht dabei von einfachen Handlungsrichtlinien bis hin zu kompletten Managementmodellen der Unternehmensführung. Dennoch behandeln diese Führungstechniken die Wirkung von Führungsverhalten auf Menschen nicht endgültig, sie sind lediglich eine Orientierungshilfe für die Wahrnehmung von Führungsaufgaben und basieren auf keiner fundierten theoretischen Grundlage, sondern vielmehr auf Annahmen über die Wirkung von Führung auf Menschen. Deshalb sollte vor Anwendung dieser Prinzipien vorab geprüft werden, ob die zugrundeliegenden Annahmen in der konkreten Situation zutreffen vgl. (Hungenberg & Wulf, 2015, pp. 329-333).

Ein weiterer wichtiger Aspekt die Führung betreffend ist das Leadership. Daher wird im folgenden Unterkapitel näher darauf eingegangen.

2.2.4 Leadership

Leadership ist der entscheidende Erfolgsfaktor zum Wachsen und zur Weiterentwicklung von erfolgreichen Unternehmen im 21. Jahrhundert. Um in einem transformierenten Wettbewerbsumfeld besser zurechtzukommen, ist es erforderlich, den Leadership-Ansatz über alle Hierarchieebenen hinweg zu tragen um den Weg zu einer effektiven, erfolgreichen Organisation aufzubauen und zu erhalten vgl. (Kotter, 2015, p. kap. 12)

„Leadership umfasst die Entwicklung von Visionen und Strategien, die dem Unternehmen neue Richtungen geben. Leader befähigen ihre Mitarbeiter*innen, bei der Umsetzung von Veränderungen herausragende Leistungen zu vollbringen (Dillerup & Stoi, 2016, p. 681)".

Der Unterschied zwischen Management und Leadership kristallisiert sich vor allem durch die Begriffe Effizienz versus Effektivität heraus: „Management macht die richtigen Dinge; Leadership macht die Dinge richtig" vgl. (Drucker, 2000, pp. 105-106).

Management wird durch die transaktionale Führung dominiert vgl. (Dillerup & Stoi, 2016, p. 681). Die transaktionale Führung beruht auf dem Tauschprinzip, bei dem zwischen der Führungskraft und den Geführten Anreize gegen Leistungen getauscht werden. Unterschieden werden hier zwei Komponenten vgl. (von Rosenstiel & Nerdinger, 2020, p. 45):

- Bedingte Belohnung – Aushandeln zwischen Führungskraft und Geführten dahingehend, was der Geführte erhalten wird, wenn er die gesteckten Ziele erreicht.
- Management by Exception (MbE) – Führungskraft vermeidet Eingriffe außer bei ungeplanten Abweichungen

und zur Erhaltung des Status Quo.

Im Gegensatz dazu wird Leadership durch eine transformationale Führung gekennzeichnet vgl. (Dillerup & Stoi, 2016, p. 681). Unter transformationaler Führung versteht man, dass unter dieser Art der Führung die Mitarbeiter*innen nicht in einen Austausch miteinander treten, sondern höhere, kollektive Ziele und Werte, die sie betreffen, angesprochen werden. Es werden vier Komponenten bei transformationaler Führung unterschieden vgl. (von Rosenstiel & Nerdinger, 2020, p. 45):

- Idealisierter Einfluss (Charisma): Werte und Ideale werden von der Führungskraft vermittelt und vorgelebt, wodurch sie selbst zum Vorbild wird, das Respekt und Vertrauen erzeugt.
- Inspirierende Motivation: Durch die Vermittlung von inspirierenden Visionen und bedeutungsvollen Zielen wird die intrinsische Motivation der Mitarbeiter*innen gesteigert.
- Intellektuelle Stimulierung: Die kreativen und innovativen Fähigkeiten von Mitarbeiter*innen werden durch das Aufbrechen von Denkmustern stimuliert. Sie werden motiviert, Unternehmensprozesse zu hinterfragen und sich neuen Herausforderungen zu stellen.
- Individualisierte Behandlung: Die Führungskräfte gehen auf die Geführten und deren Bedürfnisse ein und entwickeln mittels Coachings deren Fertigkeiten, Stärken und ihr Selbstvertrauen gezielt weiter.

Tabelle 4 stellt nochmals eine Verdeutlichung der Unterschiede zwischen Management und Leadership dar vgl. (Dillerup & Stoi, 2016, p. 682).

	Management	Leadership
Führungstypus	Transaktional	Transformierend
Veränderungsintensität	Evolutionär	Revolutionär
Führungsfunktion	Lenken/Gestalten	Entwickeln/Gestalten
Führungsebene	Operativ/Strategisch	Normativ/Strategisch
Motivationsanreiz	Primär extrinistisch Belohnung/Bestrafung	Primär intrinistisch Gemeinschaft/Überzeugung
Ziel	Effizienz	Effektivität
Zielhorizont	Vereinbarte, kurzfristige Ziele	Unternehmenswert steigern, Zukunft sichern
Aufgabenfelder	Optimierung, Ordnung und Beständigkeit sichern	Wirksamkeit, Aktivierung, Wandel einleiten und gestalten
Teilaufgaben	Probleme lösen, Maßnahmen planen, organisieren, kontrollieren	Visionen entwerfen, Mitarbeiter*innen inspirieren, Purpose stiften
Komplexitätsdimension	Beherrschung der Vielzahl von Elementen und deren Komplexität	Beherrschung der Veränderlichkeit der Elemente und deren Dynamik
Risikosicht	Risiken minimieren, eliminieren	Auf Risiken eingehen, Chancen nutzen
Hierarchieebene	Bei unteren Führungskräften im Vordergrund	Bei oberen Führungskräften im Vordergrund
Kompetenzen	Primär Fachkompetenz	Primär Sozialkompetenz

Tabelle 4: Gegenüberstellung von Management und Leadership, Quelle: in Anlehnung an (Dillerup & Stoi, 2016, p. 682).

Metaanalysen zeigen, dass die transformationale Führung im Mitarbeiter*innen- und aufgabenorientierten Bereich der transaktionalen Führung grundsätzlich überlegen ist. Betrachtet man jedoch die Wirksamkeit des Führungsstils, besticht die transaktionale Führung jedoch im aufgabenorientierten Bereich vgl. (Steyrer, 2015, p. 48). Diese zwei Ansätze stehen allerdings nicht gänzlich im Gegensatz zueinander, sondern bauen sogar aufeinander auf. Es gibt Situationen, in denen die transaktionale Führung als angemessen und richtig angesehen werden kann. Und über diese Situationen hinaus kann transformative Führung den Einsatzwillen und die Leistung von Mitarbeiter*innen hervorbringen, was durch transaktionale Führung alleine nicht möglich wäre vgl. (Hungenberg & Wulf, 2015, pp. 328-329).

Auf der obersten Führungsebene findet man meist starke Leader*innen und in den unteren Führungsebenen sind häufiger Manager*innentypen gefragt. Das hängt damit zusammen, dass in Zeiten des Wirtschaftswachstums Manager*innen eher für Ordnung und Beständigkeit sorgen und in Krisenzeiten charismatische Leader*innen gefragt sind, die Mitarbeiter*innen regelrecht mitreißen, ihnen eine Vision geben und Transformationen bewältigen können vgl. (Dillerup & Stoi, 2016, pp. 682-683).

Im nächsten Unterkapitel wird auf die Anforderungen und Kompetenzen für Führung 4.0 eingegangen, die das Kernthema dieser Arbeit darstellen.

2.2.5 Anforderungen und Kompetenzen für Führung 4.0

Kompetenzen lassen sich nicht nur auf Fertigkeiten, Wissen und Qualifikationen reduzieren, sondern sind erst durch Regeln, Werte und Normen im Rahmen von selbstorganisiertem Handeln zu verstehen, wie Abbildung 2 verdeutlicht vgl. (Erpenbeck & von Rosenstiel, 2007, pp. XI-XII).

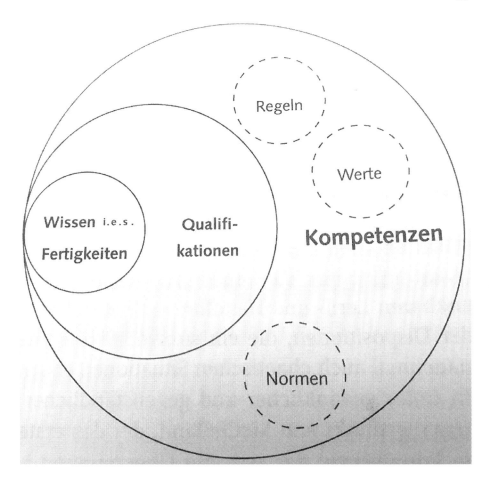

Abbildung 2: Definition Kompetenzen, Quelle: (Erpenbeck & von Rosenstiel, 2007, p. XII)

Unter Arbeitskompetenzen, die in Zusammenhang mit den Anforderungen an eine bestimmte Aufgabe stehen, kann man im Allgemeinen Wissen, Fähigkeiten, Motivation, Interesse, Fertigkeiten, Verhaltensweisen und andere Merkmale zusammenfassen. Ziel ist es durch fachliches und methodisches Wissen, das auf Erfahrungen und Expertise basiert und durch die Nutzung von kommunikativen und kooperativen Möglichkeiten Menschen dazu zu befähigen, ihre Handlungen selbstorganisiert umzusetzen vgl. (Sonntag, 2007, pp. 265-267).

Als grundlegende Schlüsselkompetenzen sind dabei folgende Begriffe zu unterscheiden: vgl. (Kauffeld, et al., 2007, pp. 232-233):

- Fachkompetenz – stellt die Fähigkeit dar, Wissen zu generieren, anzupassen und lösungsorientiert je nach Problemstellung anzuwenden.
- Methodenkompetenz – stellt die Bewältigung der Aufgaben durch Strukturierung, Zieldefinition und Konkretisierung von Informationen und anschließender Entscheidungsfindung unter Prioritätensetzung dar.
- Sozialkompetenz – bezieht sich auf die Interaktion, Kommunikation, direkte Ansprache, unterstützende Beiträge, Lob oder Verständnis für andere, sowie das Ansprechen von Gefühlen ohne persönliche Wertung und Schuldzuweisung.
- Selbstkompetenz – hat als zentralen Bestandteil die Planung, die Festlegung von und Mitwirkung an Entscheidungsprozessen, sowie dass das Interesse an Veränderungen positiv geäußert und gesehen wird.

Die heute von Führungskräften geforderten Fähigkeiten sind mit dem Rationalisieren, Optimieren und Reduzieren von Unternehmensprozessen verbunden. In Zukunft wird es die größte Herausforderung sein, die Transformation in völlig neue Organisationsformen zu bringen, um disruptiven Veränderungen zu begegnen. Dazu reicht es nicht, nur auf die eigene Organisation zu achten, sondern es sind gemeinsame Ziele durch Allianzen und Partnerschaften anzustreben. Die Rolle der Führungskraft erweitert sich damit zu der eines/r sozialen Architekten/Architektin, welche*r Fähigkeiten wie Verhandlungsführung, Technologiebewertung, Organisationsentwicklung und Kulturveränderung bewältigen muss. Die Führungskräfte werden erfolgreich sein, wenn sie dazu in der Lage sind, in turbulenten Zeiten die richtige Richtung vorzugeben, den Wandel zu bewältigen, die Ressourcen von enthusiastischen, engagierten Mitarbeiter*innen anzuziehen, die Diversität auf globaler Ebene zu nutzen und eine wahre Führungspersönlichkeit zu sein vgl. (Bennis & Nanus, 2003, pp. 216-217).

Alle wesentlichen Faktoren der Veränderung werden in einem Zukunftsmodell für Führung im 21. Jahrhundert dargestellt, wie Tabelle 5 zeigt:

Von	Zu
Wenige Leader*innen, hauptsächlich an der Spitze – viele Manager*innen	Leader*innen auf allen Ebenen – weniger Manager*innen
Führen durch Zielsetzung – wirtschaftlich ergebnisorientiert	Führen durch Visionen – langfristiges, wertsteigerndes Unternehmenswachstum
Restrukturierung, Kostenreduktion, Quantität, Qualität	Schaffung von Einzigartigkeit, unverwechselbare Services und Produkte
Reaktiv - Anpassung an Veränderungen	Antizipativ – zukunftsorientiert, kreativ
Designer hierarchischer Organisationsstrukturen	Soziale*r Architekt*in – Gestalter*in flacher, dezentraler, kollegialer Organisationen
Führung und Leitung von Personen	Befähigung und Inspiration von Personen, aber auch Förderung von Teamwork
Über Informationen verfügen nur wenige Entscheidungsträger*innen	Informationen werden intern und extern geteilt und verfügbar gemacht
Führungskraft als Vorgesetzte*r, der Prozesse und Verhaltensweisen kontrolliert	Führungskraft als Coach und Mentor*in, der/die selbstlernende Organisationen schafft
Führungskraft als Stabilisator*in, der /diewidersprüchliche Anforderungen ausgleicht und die Kultur aufrechterhält	Führungskraft als Change Agent, der /die eine Agenda für den Wandel erstellt, Risiken ausgleicht und die Kultur und die Technologiebasis weiterentwickelt
Führungskraft, die für die Rekrutierung und Entwicklung guter Manager*innenverantwortlich ist	Führungskraft, die für die Entwicklung und die Unterstützung künftiger Führungskräfte verantwortlich ist

Tabelle 5: Zukunftsmodell für Führung im 21. Jahrhundert,
Quelle: in Anlehnung an (Bennis & Nanus, 2003, pp. 216-217)

Das Herzstück von Führung bilden die Werte und Überzeugungen einer Führungskraft in einem Unternehmen. Um wirtschaftlichen Erfolg zu erreichen müssen Führende bestimmte Kompetenzen bereits mitbringen oder sie schnellstmöglich erlangen. Der Begriff Kompetenz bezieht sich dabei auf das von einer Person erreichte Leistungsniveau an messbaren und beobachtbaren Kenntnissen, Fertigkeiten, Einstellungen und Verhaltensweisen, die für eine erfolgreiche Aufgabenbewältigung entscheidend sind. Kompetenzen umfassen verschiedene Fähigkeiten im technischen, fachlichen und sozialen Bereich (Soft Skills) vgl. (Donahue, 2018, pp. 24-27).

Die neuen Rollen und damit die Kompetenzbereiche der Führungskräfte in einer sich disruptiv verändernden, volatilen Umwelt verändern sich von fachlichen Aufgaben zum/zur zentralen Mittler*in. Anstelle der Fachkompetenz wird zur Führung von Teams ein Coach, ein*e Koordinator*in oder ein*e Moderator*in benötigt, der/die es als Generalist*in gewohnt ist, interdisziplinär zu denken. Um alle Mitarbeiter*innen aller Generationen zu erreichen und diese auch in die Entscheidungsfindung miteinbeziehen zu können, sind starke kommunikative Fähigkeiten, sowie ein wertschätzender Umgang gefordert. Die Zeit und die Energie für Führung mit Sensibilität, Empathie und Menschenkenntnis steigt und ist für die Zusammenarbeit und Kommunikation mit verschiedenen Abteilungen erforderlich. Durch die ständigen Veränderungen braucht es zudem Agilität, um Geschäftsprozesse kontinuierlich anzupassen, erfolgreich zu gestalten und zu steuern vgl. (Regnet, 2020, pp. 65-66).

In neuen Unternehmenskonzepten verschieben sich die Aufgabenschwerpunkte von Anweisung, Kontrolle und Entscheidung auf das Empowerment der Mitarbeiter*innen, das Networking, der Kreation von Visionen und der Umsetzung von Veränderungen. Die Führungskräfte werden im Sinne von Coaches, Entwickler*innen und Förderer*innen zu Begleiter*innen und Dienstleister*innen für die Mitarbeiter*innen. Managementaufgaben werden auf Teams oder einzelne Mitarbeiter*innen verlagert und dem/der Manager*in obliegt die Unterstützung, damit diese Aufgaben bestmöglich erfüllt werden können, indem er/sie berät, Alternativen aufzeigt und bei der Entscheidungsfindung unterstützt. Die Koordination dazu erfolgt mit Techniken wie Management by Objectives und Management by Participation in Form von Zielvereinbarungs-, Beurteilungs- und Abweichungsgesprächen. Abgezielt wird auf die Entwicklung von persönlichen Fähigkeiten der Mitarbeiter*innen, damit gesetzte Ziele eigenverantwortlich erfüllt werden können. Die Führungskraft benötigt zur Erfüllung der Rolle des Coaches, des Förderers/der Fördererin und des Entwicklers/der Entwicklerin soziale Kompetenzen und den Willen zum Wandel von dem/ von der aufgabenorientierten Entscheider*in hin zu diesen Rollen. Das Management trägt dann die Verantwortung, dass Prozesse konzipiert sind, koordiniert werden und entsprechende Anreizsysteme für die Aufgabenerreichung der Mitarbeiter*innen vorhanden sind. Diese Verpflichtung mündet in der Rolle des Designers/der Designerin und des Architekten/der Architektin für die Führungskräfte, um die erforderlichen Rahmenbedingungen im Sinne einer Unternehmenskultur von Vertrauen, Offenheit, Anerkennung, Fairness, Kommunikation, Kooperation, Innovation und gemeinsamem Lernen zu ermöglichen vgl. (Picot, et al., 2001, pp. 466-471).

In seiner/ihrer weiteren Rolle als Networker*in übernimmt der/ die Manager*in die Führung von dezentralen Unternehmensstrukturen und dient als Brückenbauer*in zu den externen Partner*innen. Zentrale Fähigkeiten für das Sammeln, Weitergeben und Repräsentieren von Informationen können in schnelles Auffassen und Erkennen von Zusammenhängen, sowie in soziale Kompetenzen des Verhandelns, der Konfliktlösung und der Konsensbildung gegliedert werden. Als wichtigste Kompetenzen werden die Erkennung der Entwicklungen der Umwelt, die Entwicklung von Visionen, sowie die Überführung dieser in Missionen gesehen. Diese kommen dem/der Manager*in als Visionär*in und Change Agent zu. Er /sie versteht es, den Mitarbeiter*innen mit Visionen einen Sinn zu geben und sie für deren Umsetzungsstrategien zu begeistern. Als Change Agent ist der/die Manager*in mit seinen/ihren analytischen Fähigkeiten, seiner Kreativität, dem vernetzten Denken, sowie seiner/ihrer emotionalen Intelligenz in der Lage, Widerstände gegen Veränderungen durch die entsprechende Kommunikation zu nehmen, da er/sie die Faktoren für eine erfolgreiche Realisierung und Umsetzung kennt vgl. (Picot, et al., 2001, pp. 466-471).

Um herauszufinden, welche Kompetenzen Führungskräfte genau benötigen, um im Zeitalter der Digitalisierung erfolgreich zu führen, analysierte das Institut für Führung im digitalen Zeitalter (IFIDZ) 61 Studien und Umfragen zum Thema Führung aus den Jahren 2012 bis 2018 und erstellte ein Kompetenzranking. Eine Führungskraft sollte den Primärstudien folgend 86 relevante Kompetenzen besitzen, wobei diese teilweise in Wechselbeziehung zueinanderstehen oder sich auch in ihrer Begrifflichkeit im Laufe der Untersuchungsjahre verändert haben. Die mehrfachen Nennungen von Agilität, Ambidextrie und Disruption in jüngeren Jahren ersetzen teils Begriffe wie Schnelligkeit und Flexibilität aus früheren Studien, was eine gewisse Verzerrung in der Summierung des Kompetenz-Ranking ergibt. Die Metastudie wurde in drei Kompetenzarten untergliedert: Kompetenzen vor dem digitalen Zeitalter (Analoge Kompetenzen), Kompetenzen vor dem digitalen Zeitalter mit signifikanter Veränderung durch die Digitalisierung (Analog-Digitale Kompetenzen) und neue Kompetenzen, die erst durch die Digitalisierung entstanden sind (Digitale Kompetenzen). Durch diese Einteilung der Kompetenzarten ergibt sich folgendes Ranking der Top 3:

Analoge Kompetenzen

- Veränderungsfähigkeit 39%
- Wertschätzung 33%
- Innovationsfähigkeit 30%

Analog-Digitale Kompetenzen
- Kommunikationsfähigkeit 57%
- Netzwerkfähigkeit 26%
- Entscheidungsfähigkeit 25%

Digitale Kompetenzen
- Transparenzorientierung 31%
- Digital-/IT-Kompetenz 28%
- Heterarchiefähigkeit 26%

vgl. (Liebermeister & Merke, 2019)

Werden die Megatrends der Konsequenzen und Auswirkungen von Digitalisierung, Arbeiten 4.0 und die Wirksamkeit von Führung betrachtet, ergeben sich zukünftige Aufgaben- und Anforderungsprofile von Führungskräften, die wie folgt zusammengefasst werden können:
- Gestalter*innen des operativen Tagesgeschäfts
- Strategische Partner*innen
- Normative Bewahrer*innen
- Change Agent
- Personalentwickler*innen
- Coach
- Manager*inen von Diversität (Generationen, Kulturen, Gender, etc.)
- Vorreiter*innen zur Gestaltung von Work-Life-Balance
- Selbstführung und -management

Aus diesen Anforderungen lassen sich auch Kompetenzbereiche für Führungskräfte ableiten:
- IT- und Medienkompetenz
- Projekt- und Programm-Management Kompetenzen
- Leadership und Management Kompetenzen
- Fähigkeiten darin, Daten- und Informationen analysieren und deuten zu können
- Agile, kreative Lösungskompetenzen in komplexen Umgebungen
- Verständnis von interkulturellen, diversen und generationsübergreifenden Themen

- Emotionale und soziale Kompetenz, sowie Empathie
- Gesamtheitliches Denken und Handeln mit generalistischen Ansätzen
- Transformations- und Change-Management Fähigkeiten
- Bereitschaft für lebenslanges Lernen und Wissensaufnahme
- Entscheidungsfähigkeit und -wille
- Fehlertoleranz und Revidierbarkeit
- Selbstorganisation und -management
- Resilienz und Krisenfestigkeit

vgl. (Rump, et al., 2017, pp. 44-45)

In Kapitel 2.3 sollen die Erkenntnisse und Einschätzungen zu den Anforderungen und Kompetenzen aus der Literatur in einer empirischen Untersuchung überprüft werden.

2.3 EMPIRISCHE UNTERSUCHUNG

Empirische Studien sind erfahrungswissenschaftliche Forschungen, die sich direkt oder indirekt auf beobachtbare Sachverhalte beziehen. Sie dienen dazu, die Analyse und Erklärung unterschiedlicher Ausprägungen von Merkmalen, die für eine Forschungsfrage wichtig sind, zu ermitteln, um Untersuchungsobjekte zu beschreiben. Untersuchungsansätze zeigen auf, wie ein Problem als Ausgangspunkt zu einem Forschungsdesign in seiner Art und Weise abgeleitet werden kann. Qualitative Verfahren beschäftigen sich mit der Erfassung und Interpretation problemrelevanter Themen. Die Erhebung von Daten zur Informationsgewinnung erfolgt bei der Primärforschung typischerweise mittels Beobachtung und Befragung vgl. (Sandberg, 2013, pp. 40-45).

Um ein Forschungsdesign zu entwerfen, stellen sich die Fragen der Auseinandersetzung mit der Übersetzung der Erkenntnisse in eine Fragestellung, der Bestimmung des Forschungsfeldes, der methodischen Positionierung und der Wahl der Erhebungs- und Auswertungsverfahren vgl. (Przyborski & Wohlrab-Sahr, 2019, pp. 106-107).

Die Grundelemente eines sozialwissenschaftlichen Forschungsprozesses lassen sich aus den bisherigen Feststellungen ableiten. Grundlage ist die Formulierung einer Forschungsfrage, welche mit einer gewählten Erklärungsstrategie und etwaigen Vorstudien bzw. Recherchen, sowie theoretischen Vorüberlegungen in die Entwicklung einer Untersuchungsstrategie münden. Nach Fall- und Methodenauswahl zur Untersuchungsstrategie folgt die Datenerhebung, dann die Auswertung der Daten und daran anschließend die Interpretation der Ergebnisse mit der Beantwortung der Untersuchungsfrage. Diesen Prozessablauf stellt Abbildung 3 dar vgl. (Gläser & Laudel, 2009, pp. 32-34).

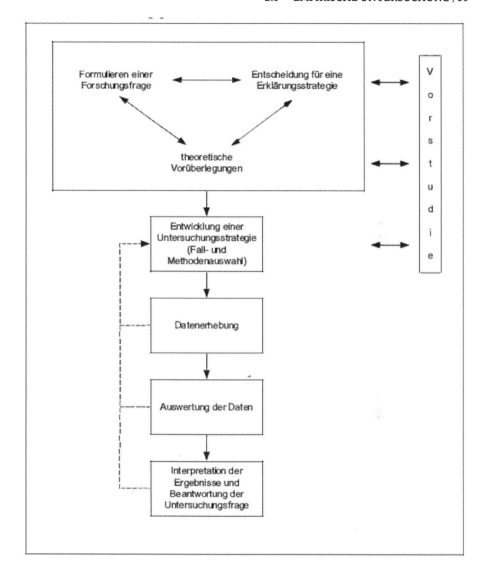

*Abbildung 3: Struktur empirischer sozialwissenschaftlicher For-
schungsprozesse, Quelle: (Gläser & Laudel, 2009, p. 33)*

Da in dieser Arbeit die Leitfadeninterviews als Untersuchungsmethode verwendet werden, werden diese im folgenden Kapitel
2.3.1. thematisiert.

2.3.1   Methodenwahl Leitfadeninterviews

Die Methode der Leitfadeninterviews ist die Ausgestaltung der Interviewsituation und die Strukturierung des Interviewablaufs unter Positionierung der beteiligten Rollen. Der Leitfaden dient als vorab vereinbarte und systematisch angewandte Vorgabe zur Gestaltung des Interviewablaufs. Er enthält vorformulierte Fragen, Stichworte für frei formulierte Fragen, Erzählaufforderungen und die Handhabung von dialogischer Interaktion für die Interviewphasen. Das Prinzip des Leitfadens ist so zu gestalten, dass die Fragen so offen wie möglich und doch strukturiert sein sollen, um den Interviewablauf zu steuern. In der Interviewsituation werden qualitative Daten in Form von Texten generiert, welche durch das Aufmerksam machen des/der Interviewten auf den Bereich der Forschungsfrage erreicht wird vgl. (Helfferich, 2019, pp. 669-678).

Der Aufbau des Leitfadens wird so offen wie möglich und so strukturiert wie notwendig gestaltet und folgt einem mehrstufigen Prinzip:

- In Sondierungsfragen wird die Möglichkeit gegeben, sich so frei wie möglich zu den für die Forschung relevanten Aspekten zu äußern.
- In Leitfadenfragen werden die wesentlichen Themenaspekte des Interviewleitfadens nachgefragt.
- Abschließend werden im Interview Aspekte behandelt, die im Leitfaden nicht verzeichnet sind. Diese werden, wenn sie als relevant erachtet werden, als Ad-hoc-Fragen formuliert.

Das Ablaufmodell eines Interviews mit standardisiertem Leitfaden gewährleistet die Vergleichbarkeit mehrerer Interviews und ermöglicht durch den Vergleich der Leitfadenfragen die Auswertung der Ergebnisse, wie Abbildung 4 darstellt vgl. (Mayring, 2016, pp. 69-72).

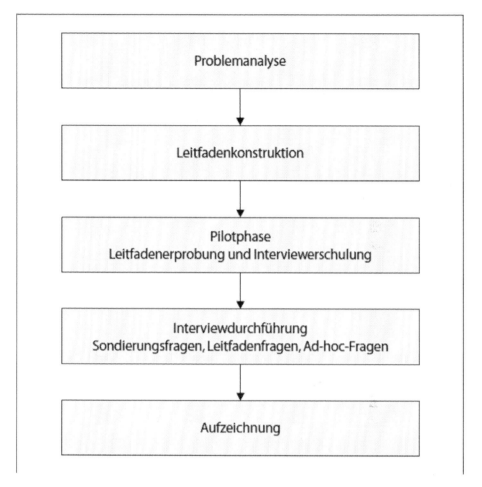

Abbildung 4: Ablaufmodell Leitfadeninterview, Quelle: (Mayring, 2016, p. 71)

2.3.2 Leitfaden und Datenerhebung

Die ausgewählte Methode in diesem Forschungsprojekt sind Leitfadeninterviews mit einem einzigen Leitfaden, welcher die Vergleichbarkeit der Interviews sicherstellt. Aus den theoretischen Überlegungen im Theorieteil wurden Fragen zu einem teilstrukturierten Interview formuliert, um immer die gleichen Themen bei den Befragten abzufragen vgl. (Helfferich, 2019, p. 676).

Um für die Befragten den Einstieg in den Ablauf des Interviews zu erleichtern und auf die Fragestellungen vorzubereiten, wird das Interview mit einem Überblick über den organisatorischen Ablauf, die Datenerfassung und einer Einführung in das Thema mit Motivation und Hintergründen des Interviewers gestartet. Weiters werden zur konsistenten Durchführung und als Drehbuch für den Interviewer die Punkte zur Durchführung und Aufzeichnung in den Leitfaden aufgenommen.

Im Interviewablauf erfolgt auch die Aufklärung über die Anonymisierung der Daten der Befragten, des aufgezeichneten Interviews, des Transcripts, sowie die Einholung der Zustimmungserklärung zur Verwendung der Aufzeichnungen.

Die Fragen wurden zwecks besserer Übersichtlichkeit zu Themenblöcken zusammengefasst, um den Befragten ein besseres Verständnis für die Fragestellung zu geben und damit ihre Aussagen, Meinungen und Erfahrungen aus Sicht ihrer Rolle einfließen lassen zu können. vgl. (Gläser & Laudel, 2009, pp. 145-147), (Porst, 2019, pp. 829-830).

Im Anschluss ist der Interviewleitfaden mit Ablaufsteuerung beigefügt.

Interviewleitfaden

- Begrüßung
- Einführung in das Thema / Motivation / Hintergründe
- Informationen zum Ablauf (Interviewablauf, Zeitrahmen, Datenerhebung, Aufzeichnung)
- Zustimmungserklärung / Anonymisierung

- Interviewpartner (Gender, Alterssegment, Ausbildungsgrad, Beruf, Funktion/Position, Führungserfahrung)
- Unternehmen (Branche, Mitarbeiteranzahl, direkte Führungsspanne, Organisationsstruktur)

Start Aufzeichnung
- Ort und Zeit des Interviews
- Offene Einstiegsfrage zum Thema der Masterthesis: Führung 4.0 in den hybriden Arbeitswelten der Digital Economy – Anforderungen im Digital Leadership an C-Level Führungskräfte österreichischer Unternehmen.
- Fragenblöcke 1-5
- Abschluss
  Ende Aufzeichnung

- Auswertung / Zeitplan / Ergebnisse

Fragenblöcke 1-5

1. Megatrends und Einfluss der Digitalisierung auf die Arbeitswelt
   a. Welche Megatrends in der Arbeitswelt konnten Sie in den letzten Jahren beobachten?
   b. Wie schätzen Sie die Einwirkung von Digitalisierung auf ihr Unternehmen und ihre Rolle ein?
   c. Welche Entwicklungen finden Sie im Zusammenhang mit Digitalisierung wichtig?

2. Neue Rahmenbedingungen für Arbeit in der Digital Economy
   a. Wie gehen Sie mit der steigenden Unsicherheit in der Arbeitswelt (VUCA) um?
   b. Wie verändern sich die Struktur der Mitarbeiter*innen (Diversität – Gender, Generationen XYZ, New Work, etc.) und deren Handlungen in der Arbeitswelt?
   c. Wie gehen Sie mit virtueller Zusammenarbeit (Remote Work, Homeoffice, hybrides Arbeiten, etc.) um?

3. Trends und Einflüsse auf die Führung 4.0
   a. Wie beeinflussen Ihrer Meinung nach die vorhin angesprochenen Trends und Entwicklungen konkret das Führungsverhalten?
   b. Welche Führungsstile und Management Methoden praktizieren Sie?
   c. Wie muss sich Führung im digitalen Zeitalter verändern?

4. Kompetenzen von Führungskräften in der Digital Economy
   a. Welche Anforderungen an Führungskräfte sehen Sie heute?
   b. Welche Werte, Haltungen und Einstellungen halten Sie für wichtig?
   c. Welche Fähigkeiten und Kenntnisse sind aus Ihrer Perspektive erforderlich?
   d. Welche Kernkompetenzen (Fach-, Methoden- und Sozialkompetenzen), die eine Führungskraft heute erfüllen muss, würden Sie ableiten?

5. Ad-hoc-Fragen / offene Themen

Datenerhebung

Der Inhalt eines Interviews wird wesentlich vom Interviewpartner/von der Interviewpartnerin bestimmt und daher stellen sich Fragen darüber, wer über relevante Informationen verfügt und am ehesten dazu bereit ist, sich für die Preisgabe dieser präzisen Informationen zur Verfügung zu stellen vgl. (Gläser & Laudel, 2009, p. 117).

Die Auswahl der Interviewpartner*innen erfolgte aus dem Erkenntnisinteresse und daher aus den wesentlichen Parametern des Forschungsinteresses wie C-Level-Position, akademisches Ausbildungsniveau, langjährige Führungserfahrung, Alterssegment und Unternehmen in Österreich.

An den Interviews nahmen teil:
- Wirtschaftstätigkeitsklassen unterteilt nach ÖNACE 2008 (Statistik Austria, 2008)
- C-Level: 7 CEO, 1 COO und 1 CFO
- Ausbildungsniveau: 2 Befragte mit NQR 6 entspricht Bachelor, 7 Befragte mit NQR 7 entspricht Master
- Führungserfahrung: 3 Befragte mit >10 Jahren, 3 Befragte mit >15 Jahren und 3 Befragte mit >20 Jahren
- Alterssegment: 4 Befragte zwischen 40-50 Jahren, 5 Befragte über 50 Jahren
- Gender: 2 Frauen, 7 Männer

Befragte	Branche ÖNACE2008	Position	Gender	Alter	NQR	Führungs- erfahrung
B1	Herstellung	CFO	Mann	>50	6	>20 Jahre
B2	Herstellung	VP/CEO	Mann	>50	6	>20 Jahre
B3	Handel	CEO	Mann	>50	7	>10 Jahre
B4	Dienstleistung	CEO	Frau	40-50	7	>10 Jahre
B5	Dienstleistung	CEO	Mann	40-50	7	>10 Jahre
B6	Dienstleistung	CEO	Mann	40-50	7	>15 Jahre
B7	Energie	COO	Mann	>50	7	>15 Jahre
B8	Dienstleistung	CEO	Mann	>50	7	>20 Jahre
B9	Handel	CEO/CMO	Frau	40-50	7	>15 Jahre

Tabelle 6: Profil der Befragten, eigene Darstellung

Es erfolgte eine Einladung mit kurzer Erklärung per E-Mail und ein anschließendes Telefongespräch zur Terminabstimmung. Es wurden Einzelinterviews mit einer Dauer von ca. 30-50 Minuten im Zeitraum zwischen Jänner und Februar 2022 durchgeführt. Aufgrund der hohen Fallzahlen durch die Pandemie bedingt wurde die Art der Erhebung den Interviewpartner*innen freige- stellt und daher in den Formen Telefoninterview (2), persönliches Interview (4) und Video-Meeting mittels MS Teams (3) durchge- führt. Nach einer Anzahl von 9 Interviews wurde festgestellt, dass es keiner weiteren Interviews für den Erkenntnisgewinn bedarf.

Die Interviews wurden mit zwei Audio-Diktiergeräten parallel digital aufgezeichnet (Philips DVT400 / Olympus VN-6500PC) und anschließend regelgeleitet mittels f4transkript vollständig, inhaltlich semantisch transkribiert. Als Regeln zur Transkription wurde die Punkte aus der Analyse qualitativer Daten mit MAX- QDA von Rädiker und Kuckartz verwendet (Rädiker & Kuckartz, 2019, pp. 44-45).

Im Anhang finden sich die transkribierten Interviews, die Transkriptionsregeln sowie die Angabe von anonymisierten Daten zu den Befragten, zur Art des Interviews, sowie zu Ort und Dauer der Interviews.

2.3.3 Qualitative Inhaltsanalyse

Die systematische Auswertung von Interviews mit qualitativen Verfahren bedeutet:

- Alle relevanten Interviews für die Forschungsfrage werden in die Analyse einbezogen.
- Alle Interviews werden auf die gleiche Art und Weise analysiert.
- Instrumente der Erhebung und Analyse werden transparent gemacht, um eine Nachvollziehbarkeit und wissenschaftliche Bewertung der Untersuchung zu gewährleisten.
- Durch geeignete Verfahren wird sichergestellt, dass die Analyse intersubjektiven Standards genügt vgl. (Kuckartz & Rädiker, 2020, pp. XIV-XV)

In dieser Arbeit wird die fokussierte Interviewanalyse in sechs Schritten angewendet vgl. (Rädiker & Kuckartz, 2019, p. XX).

1. Intensives Lesen, Daten vorbereiten, organisieren und explorieren
2. Vom Leitfaden ausgehend Kriterien für Kategorien zum Kategoriensystem entwickeln
3. Die Interviews codieren (Basiscodierung)
4. Das Kategoriensystem weiterentwickeln und vertiefend codieren (Feincodierung)
5. Analysemöglichkeiten nach dem Codieren evaluieren
6. Den Bericht schreiben und den Analyseprozess dokumentieren

Für die systematische Analyse der qualitativen Daten erfolgte eine Auswertung mittels computer assisted qualitative data analysis software (CAQDAS) Software. Verwendet wurde die aktuelle Version der Software MAXQDA 2022.

Es wurden geeignete Dokumentengruppen für die Interviews und Interviewnotizen angelegt, Forschungsfragen vergegenwärtigt und Vorannahmen in freien Memos festgehalten. Nach Import der Voice- und Transkript-Files in MAXQDA wurden Hintergrunddaten zu den Interviews ergänzt und als Dokumentvariablen eingefügt. Danach erfolgte eine Reflexion der eigenen Vorannahmen und die Exploration durch eine offene Codierung auf relevante Textstellen mit Dokumentation der Vorgangsweise durch Memos vgl. (Kuckartz & Rädiker, 2020, pp. 6-14).

Als Ausgangspunkt zur Bildung der Kategorien für die Basiscodierung wurde der Interviewleitfaden herangezogen, um eine fokussierte Interviewanalyse durchzuführen.

Themenblöcke im Leitfaden

1	Megatrends und Einfluss der Digitalisierung auf die Arbeitswelt
2	Neue Rahmenbedingungen für Arbeit in der Digital Economy
3	Trends und Einflüsse auf die Führung 4.0
4	Kompetenzen von Führungskräften in der Digital Economy

Abbildung 5: Themenblöcke Leitfaden, eigene Darstellung

Durch die Arbeit am Text im induktiven Zugang und durch die mehrfache Überarbeitung des Kategoriensystems, die Sortierung sowie den hierarchischen Aufbau der Codes und Regeln für das Codieren wurde kontinuierlich Codesystem gearbeitet. Als Regeln wurde der Umfang der Codierung mit den zusammenhängenden Aussagen, Sinneinheiten, der Verständlichkeit und zumindest einem Teilsatz definiert. Für wiederholte Aussagen erfolgte eine mehrfache Codierung bei Verstärkung durch den Befragten vgl. (Rädiker & Kuckartz, 2019, pp. 43-53).

Die entwickelten Kategorien des codierten Materials wurden analysiert und daraus Subkategorien identifiziert und definiert. Einzelne Schritte in der Bearbeitung wurden in Schleifen wiederholt, Entscheidungen über Zusammenlegung oder Differenzierung von Kategorien wurden getroffen, um ausdifferenzierte Kategorien und Subkategorien herauszubilden und diese in einem Codesystem darzustellen vgl. (Rädiker & Kuckartz, 2019, pp. 55-62).

Das Codesystem wurde wie untenstehend ermittelt und stellt die Basis der Analyse der Interview-Transkripte dar.

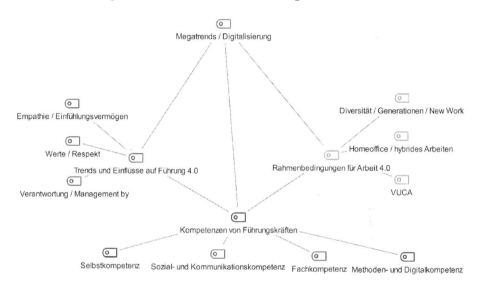

Abbildung 6: Codesystem grafisch, eigene Darstellung

Ergebnisse der Leitfadeninterviews

Die Inhalte, Positionen und Einzelmeinungen der Befragten in den Interviews werden mittels der gewählten Kategorien und Subkategorien zusammengefasst, Erklärungen und Äußerungen werden herausgearbeitet. In der weiteren Analyse wird das codierte Textmaterial den Kategorien zugeordnet und in Bezug auf die Forschungsfragen interpretiert. Um die Anonymisierung zu gewährleisten werden die Interviewpartner*innen als Befragte (B) bezeichnet.

Die gewählte Vorgangsweise mit deduktivem Ansatz und induktiven Elementen ergibt das in Abbildung 6 abgebildete Codesystem nun tabellarisch dargestellt in der Tabelle 7.

1 Megatrends / Digitalisierung

2 Rahmenbedingungen für Arbeit 4.0

   2.1 VUCA

   2.2 Diversität / Generationen / New Work

   2.3 Homeoffice / hybrides Arbeiten

3 Trends und Einflüsse auf Führung 4.0

   3.1 Empathie / Einfühlungsvermögen

   3.2 Werte / Respekt

   3.3 Verantwortung / Management by

4 Kompetenzen von Führungskräften

   4.1 Selbstkompetenz

   4.2 Sozial- und Kommunikationskompetenz

   4.3 Fachkompetenz

   4.4 Methoden- und Digitalkompetenz

Tabelle 7: Codesystem tabellarisch, eigene Darstellung

Die Erkenntnisse aus der qualitativen Analyse korrelieren sehr gut mit den gewonnenen Ergebnissen aus der Literaturrecherche und bestätigen die Ansätze, sowie Sinnhaftigkeit zur Weiterentwicklung von Anforderungs- und Kompetenzprofilen für C-Level Führungskräfte österreichischer Unternehmen im Digital Leadership.

Aus den neun analysierten Interviews mit C-Level Führungskräften lassen sich Parameter für die Entwicklung eines Kompetenzprofiles für Führungskräfte für das Führen 4.0 in der hybriden Arbeitswelt der Digital Economy ableiten.

Kategorie 1: Megatrends / Digitalisierung

Den Entwicklungen in der Informationstechnologie in den letzten Jahrzehnten wird von allen Befragten der größte Einfluss auf die Arbeitswelt zugeschrieben und diese werden als hauptsächlicher Megatrend genannt. Dezidiert angesprochen wurden von den Befragten Themen wir Digitalisierung von Prozessen, digitale Workflows, Remote- Zugriff auf Systeme, Cloud-Nutzung, elektronischer Datentransfer und Communication bzw. Collaboration Tools. Wie Befragter B2 beschreibt und von allen anderen Befragten bestätigt wird, ist der Einfluss der Digitalisierung massiv und geht sogar so weit, dass ohne digitale Hilfsmittel das Unternehmen handlungsunfähig wäre. Mehrfach genannt wurde vor allem auch die Nutzung von Video-Konferenzen und die dadurch substituierte Reisetätigkeit, welche mit enormer Ersparnis von Arbeitszeit einhergeht und in der Covid-19 Pandemie die Kommunikation innerhalb und außerhalb der Unternehmen aufrecht erhalten hat. Die Führungskräfte äußerten einhellig, dass bereits ein entsprechend hoher Technologie- und Digitalisierungsgrad für den problemlosen Umstieg in die digitale Arbeitswelt auch schon vor der Covid-19 Pandemie vorhanden war.

Kategorie 2: Rahmenbedingungen für Arbeit 4.0
Subkategorie 2.1: VUCA

Für die Befragten äußert sich die steigende Unsicherheit (VUCA)

insbesondere in einer dynamischen Veränderung von Rahmenbedingungen und generell großer Unsicherheit in der Planung der
kommenden Geschäftsperioden. Disruptive Veränderungen der
Märkte durch Krisen bzw. pandemiebedingt wirken sich wirtschaftlich, auf das Personal und auf die Führung aus. Führungskräfte müssen trotz aller Volatilität den Mitarbeiter*innen eine gewisse Sicherheit geben, um die einströmenden Veränderungen zu
kompensieren. Je nach Branche, in denen das Unternehmen tätig
ist, wurden zur Stabilisierung der Unberechenbarkeit die Elemente lang-, mittel- und kurzfristige Planungsschleifen, SWOT-
Analysen und projektorientierte Sichtweisen genannt. Jedenfalls
sind diese mit einer optimistischen und offenen Kommunikation
an die Mitarbeiter*innen zu begleiten.

Subkategorie 2.2: Diversität / Generationen / New Work

Von den Befragten wird der steigende Anteil von Mitarbeiter*innen aus anderen Ländern und Kulturen thematisiert, welche
durch globale Unternehmensstrukturen oder Völkerwanderung
zunehmen und in ihren Teams integriert werden. Neben der Feminisierung der Arbeitswelt in den Führungspositionen wurden
besonders das Generationsmanagement von Generation XY und
deren Zugang zur Arbeitswelt angesprochen. Wahrgenommen
werden die jungen Generationen mit ihrem gesteigerten Interesse
an Work-Life-Balance, höherer Fluktuation, Wunsch nach weniger Wochenarbeitszeit bzw. Remote Work / Homeoffice und New
Work-Themen.

Subkategorie 2.3: Homeoffice / hybrides Arbeiten

Homeoffice wurde von allen Befragten als der prägnante Trend
verstärkt durch die Covid-19 Pandemie genannt. Die Quoten variieren je nach Unternehmen und Infektionsgeschehen, aber sind
in einem Niveau von über 50% bis zu 100% angegeben worden. Der Vorteil von Homeoffice wird im konzentrierten Arbeiten
bei weniger Ablenkung und in der gestiegenen Effizienz gesehen.
Hardwareausstattung, Informationstechnologie und Digitalisie-

rung der Prozesse lassen Remote Work ohne Einschränkung von beliebigen Orten aus zu.

Kategorie 3: Trends und Einflüsse auf Führung 4.0
Subkategorie 3.1: Empathie / Einfühlungsvermögen

Trends und Einflüsse auf Führung 4.0 werden von den Befragten hauptsächlich mit den verwendeten Technologien, Tools und der virtuellen Zusammenarbeit in Verbindung gebracht. Der fehlende persönliche Kontakt durch reduzierte Büroanwesenheiten und Ersatz durch Collaboration-Tools und Videokonferenzen erfordert einen feinfühligen Umgang mit den Mitarbeiter*innen. Durch Homeoffice isolierte Menschen benötigen mehr und klare Informationen und insbesondere soziale Interaktion durch die Führungskräfte. Von allen Befragten wurde bestätigt, dass eine Führungskraft eine empathische Person sein und für seine Mitarbeiter*innen da sein muss. Das Verhalten passt sich der entsprechenden Situation und der geführten Person an, um effektive Ergebnisse erzielen zu können.

Subkategorie 3.2: Werte / Respekt

Respektvoller Umgang mit allen Mitarbeiter*innen wird als „Nonplusultra" in der Führung bezeichnet. Die Befragten geben an, dass die Werte und das Verhalten von Führungskräften offen, ehrlich und wertschätzend sein und die Arbeit für die Mitarbeiter*innen, vor allem für die jungen Generationen, Sinn machen muss.

Subkategorie 3.3: Verantwortung / Management by

Nach Aussagen der Befragten wollen die Mitarbeiter*innen mehr Verantwortung übernehmen und übertragen bekommen. Sie wollen mehr Informationen erhalten, einbezogen werden, gestalten können und in einem gewissen Rahmen verantwortlich sein. Den Mitarbeiter*innen Vertrauen entgegen zu bringen, weniger Kontrolle auszuüben und zu begleiten stärkt das Selbstwertgefühl und trägt zur Entwicklung bei. Der Managementstil verändert sich von

Leitung durch Zielvereinbarung (MbO) bedingt durch die virtuelle Zusammenarbeit zu mehr Entscheidungsfreiheit, wie MbD und MbE, bzw. Ergebnisorientierung (MbR) bis zur Identifikation mit den Unternehmenszielen (MbP).

Kategorie 4: Kompetenzen von Führungskräften
Subkategorie 4.1: Selbstkompetenz

Als wesentliche Fähigkeiten für die Selbstkompetenz nannten die Befragten die Selbstreflexion, Bereitschaft für Veränderungen und persönliche Weiterentwicklung durch Schulungen, Trainings und Coaching. Wichtig sind auch die eigene Freude am Arbeiten, die Selbstmotivation, die Leistungsbereitschaft und auf der anderen Seite eine Selbstorganisation, die vor Überlastung schützt. Die eigene Wertehaltung in Bezug auf Diversität, Generationen und Einstellungen ist den Befragten ein Anliegen und damit die Entwicklung der eigenen Persönlichkeit. Visionen zu haben, Ziele zu verfolgen, Sicherheit zu geben und stabile Rahmenbedingungen zu schaffen und damit als Vorbild zu wirken wurden als effektive Führungsparameter genannt.

Subkategorie 4.2: Sozial- und Kommunikationskompetenz

Die Hauptanzahl der Aussagen der Befragten bezog sich auf die Sozial- und Kommunikationskompetenz als entscheidender Faktor für Führung in schwierigen Zeiten. An erster Stelle wurden das Einfühlungsvermögen und die Empathie genannt und ein wertschätzender, respektvoller Umgang mit den Mitarbeiter*innen. Verbunden wurden die Aussagen mit dem Bedarf von ausreichender, klarer Kommunikation und mit gesteigerter Wahrnehmung in der Kommunikation, um die Defizite durch die digitalen Kanäle auszugleichen. Fehlende persönliche Kontakte erschweren die Zusammenarbeit in den Teams und erfordern ein geändertes Rollenverständnis der Führungskräfte als Coaches, Konfliktlöser*innen und Leader*innen.

Subkategorie 4.3: Fachkompetenz

Fachkompetenz wird nach der Meinung der Befragten als gegeben vorausgesetzt und daher in der Wichtigkeit der Kompetenzen nicht an die erste Stelle gesetzt. Jedoch wurde ein Basisverständnis hinsichtlich des Geschäftszwecks, der Produkte und den Prozessen im Unternehmen als notwendig erachtet, um die operative Steuerungsmechanismen und die Führung der Mitarbeiter*innen gewährleisten zu können.

Subkategorie 4.4: Methoden- und Digitalkompetenz

Die Bedienung von digitalen Devices und die Anwendung von IKT-Tools zur Abwicklung der Geschäftsprozesse, Kommunikation, Collaboration, sowie Remote Work werden von den Befragen als wesentlichste Faktoren zur Führung in der Digital Economy geäußert. Nicht nur die eigene digitale Arbeit, sondern auch das Verständnis, das Zur-Verfügung-stellen, das Einweisen und das Motivieren zur Verwendung von digitalen Tools durch die Mitarbeiter*innen sind Kernaufgaben für die Führungskräfte. Dazu gehört auch, Wissen zu erwerben, Informationen zu beschaffen und sich mit neuen Entwicklungen von Technologien auseinanderzusetzen, um am Puls der Zeit zu bleiben. Planung, Organisation und Durchführung von Projekten, sowie das Managen von operativen Abläufen und das Lösen von auftretenden Problemen stehen im Fokus der Tätigkeiten der Befragten.

Folgende Darstellung beschreibt die Anzahl der Codes / Nennungen von relevanten Themenabschnitten im Codesystem.

Codesystem	B1	B2	B3	B4	B5	B6	B7	B8	B9
Megatrends / Digitalisierung	2	2	2	3	3	2	2	1	3
⌄ Rahmenbedingungen für Arbeit 4.0	3	3	3	5	4	1	3	4	4
VUCA	1	2	2	1	2	1	2	1	1
Diversität / Generationen / New Wo	4	1	2	3	1	1	1	1	2
Homeoffice / hybrides Arbeiten	1	2	1	1	1		1	2	3
⌄ Trends und Einflüsse auf Führung 4.0	4	1	1	4	4	2	4	2	6
Empathie / Einfühlungsvermögen	1			1	1		2		3
Werte / Respekt	1			2	1		1		1
Verantwortung / Management by	2	1	1	2	2	1	1	1	2
⌄ Kompetenzen von Führungskräften	2	2	3	2		3		1	2
Selbstkompetenz	3	2	1	4	4	1	2		3
Sozial- und Kommunikationskompe	5	2	4	3	5	4	4		
Fachkompetenz	4	1	2		1			1	1
Methoden- und Digitalkompetenz	4	1	1	4		2	4		2

Tabelle 8: Codesystem mit Anzahl der Codes, eigene Darstellung

Auf Basis dieser ausgewerteten Erkenntnisse aus den Interviews wird nun der Entwurf eines Kompetenzprofils erstellt.

Kompetenzprofil Entwurf

Das Ziel der Masterarbeit besteht darin, ein Kompetenzprofil im Digital Leadership für C-Level Führungskräfte österreichischer Unternehmen zu entwerfen. Ausgehend von der Literaturrecherche zum Stand der Forschung, den anschließenden theoretischen Überlegungen und der Analyse und Auswertung der empirischen Untersuchung wird im nächsten Schritt ein Kompetenzprofil skizziert.

Die Recherche von Forschungsergebnissen, Fachliteratur, Fachartikeln Internetquellen, Fachbeiträgen etc. führte zum Ansatz einer empirischen Untersuchung mittels Leitfadeninterviews, welche mittels qualitativer Inhaltsanalyse ausgewertet wurden, um über Themenblöcke zu Kompetenzen für Führungskräfte zu gelangen. Dem Verfasser der Arbeit war in der Durchführung der Interviews mit den Führungskräften wichtig, offene Fragestellungen zu wählen um die Ergebnisse nicht durch zu strenge Vorgabe der Fragen zu beeinflussen. Aus den Aussagen der Befragten konnte jedoch ohne Nennung von Fachbegriffen zu Führung und ohne Erwähnung von Kompetenzen in der Interpretation auf die Zuordnung zur Codierungsmatrix geschlossen werden.

Der Entwurf des Kompetenzprofiles stützt sich auf die theoretischen Überlegungen und auf die Häufigkeit der Codes im jeweiligen Codierungssegment als Verstärkung, wobei Nennungen im Interview und Mehrfachnennungen als Erhöhung der Verstärkung interpretiert wurden. Aus dieser Bewertung heraus werden in der Matrix im Rückschluss auf die Interviews die als wichtig genannten Elemente der Kompetenzen hervorgehoben. Die Definition der Kompetenzmatrix erfolgte in Anlehnung an das Praxishandbuch wertorientierte Führung vgl. (Becker & Pastoors, 2019, pp. 32-49), das Kompetenzrad von Klaus North vgl. (North, 2007, pp. 175-186) und an das Kompetenz-Reflexions-Inventar (KRI) von Simone Kauffeld vgl. (Kauffeld, et al., 2007, pp. 337-347).

Kompetenzen	Beschreibung der Elemente
Selbstkompetenz	• **Flexibilität, Bereitschaft für Veränderungen und sich selbst zu entwickeln** • Fähigkeit zur Selbstmotivation • **Leistungsbereitschaft und Einsatzbereitschaft** • **Entwicklung der eigenen Wertehaltung in Bezug auf Diversität, Generationen und Einstellungen** • **Selbstorganisation und Resilienz** • Verantwortung übernehmen und anderen Unterstützung bieten • Zielorientierung und Selbstführung • **Leadership und Vorbildwirkung** • Führungskompetenz
Sozial- und Kommunikations- kompetenz	• **Empathie und Einfühlungsvermögen** • **Respekt und Wertschätzung** • Fähigkeit zur Zusammenarbeit in Teams und Integrationsfähigkeit • Kooperationsbereitschaft • **Konflikte erkennen und bewältigen können** • **Kommunikationsfähigkeit in klarer Sprache und im Ausdruck** • Präsentations- und Moderationsfähigkeit
Fachkompetenz	• Grund- und Detailwissen aus der Branche und dem Fachgebiet des Unternehmens • Allgemeinbildung um das eigene Fachgebiet in einem Kontext sehen zu können • **Basisverständnis von Geschäftszweck und Produkten** • **Kenntnisse der Prozessstruktur und der Ablaufprozesse**
Methoden- und Digitalkompetenz	• Unternehmerisch Denken und Handeln • Kompetenz zur Problemlösung - Abstraktes, vernetztes Denken, sowie Analysefähigkeit • **Projektmanagement zur Planung, Organisation und Durchführung von Projekten** • Kooperationsfähigkeit - Management Skills • Zeit- und Selbstmanagement • **Fähigkeit zur Bedienung und Handhabung digitaler Medien und Tools** • **Fachliche Kompetenz zur Beschaffung, Strukturierung, Erstellung und Kommunikation von digitalen Inhalten**

Tabelle 9: Kompetenzmatrix, eigene Darstellung

Die hier entwickelte Kompetenzmatrix fußt auf den Annahmen, dass die im Leitfaden entwickelten Fragenblöcke in den Interviews von Relevanz waren und inhaltliche Beiträge von den Befragten eingebracht wurden. Die Grundannahmen fanden in allen Fragenblöcken Unterstützung und wurden durch die Feincodierung präzisiert.

Die Annahme der Nennung von mehreren Megatrends bei der Frage 1.a. „Welche Megatrends in der Arbeitswelt konnten Sie in den letzten Jahren beobachten" wurde nicht vollständig bestätigt. Es wurde lediglich auf die Einwirkung der Digitalisierung als Trend verwiesen und mit dem Begriff Digitalisierung andere Trends in der Arbeitswelt wie Globalisierung / Internationalisierung subsumiert. Alle weiteren Annahmen in den Themenblöcken 2.a. bis 4.d. erfuhren Unterstützung und flossen in Form von systematischer Ableitung und Interpretation in die Kompetenzmatrix ein.

Bei der Entwicklung der Kompetenzprofile wurde die Annahme getroffen, dass Führungskräfte mit langjähriger Führungserfahrung in C-Level -Positionen in der Lage sind, den Bedarf an Kompetenzen, die von Bedeutung sind, abschätzen zu können. Die vorliegende Kompetenzmatrix wurde in die vier Kompetenzbereiche Selbstkompetenz, Sozial- und Kommunikationskompetenz, Fachkompetenz und Methoden- und Digitalkompetenz gegliedert und stellt damit eine Analogie zu den gängigen Konzepten der Kompetenzklassen dar vgl. (Erpenbeck & von Rosenstiel, 2007).

Aus den theoretischen Überlegungen und der empirischen Arbeit wurden durch qualitative Datenanalyse von Leitfadeninterviews die erforderlichen Kompetenzen von C-Level Führungskräften in der Digital Economy abgeleitet. Das gewählte Verfahren hat keinen Anspruch auf Vollständigkeit, da die befragten Führungskräfte die Angaben in einer Selbsteinschätzung abgegeben haben. In der Praxis ist eine klare Abgrenzung, insbesondere von fachlichen und methodischen Kompetenzen, nicht trennscharf möglich.

Als Handlungsempfehlung für die Praxis empfiehlt der Verfasser der Untersuchung, die Kompetenzprofile in der Kompetenzmatrix als Anhaltspunkt für die Entwicklung von Kompetenzen für Führungskräfte heranzuziehen und mittels qualitativer Selbst- und/oder Fremdeinschätzung die Defizite dieser herauszuarbeiten. Nach Abgleich zwischen dem ermittelten Kompetenz-Soll-Profil mit dem aktuellen Kompetenz-Ist-Profil durch Selbsteinstufung können die Lücken mittels individueller Personalentwicklungsmaßnahmen geschlossen werden.

Ein Ansatz zur Analyse, Nutzung und Entwicklung von Mitarbeiterkompetenzen mit Selbsteinstufung und zugeschnitten auf ein Unternehmen ist das Verfahren Kompetenzrad und Kompetenzmatrix vgl. (North, 2007, pp. 175-186). Weiterführend verweist der Verfasser auf die Unterstützung von Anbieter*innen für verschiedene Arten von Kompetenzmessung bis zu Persönlichkeitstests wie z.B. Kompetenz-Diagnostik und -Entwicklung (KODE) vgl. (Erpenbeck, 2007, pp. 489-503) bis hin zu Wingfinder von Red Bull vgl. (Bull, Red, 2022).

Der Erwerb und die Steigerung von digitalen Kompetenzen wird über nationale Bildungsoffensiven wie fit4internet (Bundesministerium für Digitalisierung und Wirtschaftsstandort, 2021) unterstützt und die Zugänge sind meist kostenfrei möglich. Mit den Einstiegsfragen wird eine Einstufung des Kompetenzgrades geboten und auf Felder der weiteren Bildungsmaßnahmen verwiesen.

Wenn sich Führungskräfte in C-Level Positionen weiterentwickeln wollen, sollten sie auf die Angebote von Berater*innen oder Coaches zugreifen, um eine Begleitung in der Entwicklung ihrer Kompetenzen durch kontinuierliche Wissensvermittlung zu ermöglichen.

Im folgenden Kapitel 3 werden die gestellten Forschungsfragen beantwortet und die Ergebnisse diskutiert und auf Limitationen, sowie auf Anschlussmöglichkeiten für Folgearbeiten hingewiesen. Die Ergebnisse aus der Entwicklung der Kompetenzmatrix und den Handlungsempfehlungen werden zusammengefasst und in den Schlussfolgerungen ein Ausblick auf das geforderte Anforderungs- und Kompetenzumfeld gegeben.

3 FAZIT/SCHLUSSFOLGERUNG/ CONCLUSIO

Aus den vorhergehenden Kapiteln und den gestellten Forschungsfragen werden nun Fazit, Schlussfolgerung und Conclusio zu dieser Masterarbeit dargestellt.

3.1 FORSCHUNGSFRAGEN

Das Ziel der Masterarbeit war es, mittels der Recherche von Forschungsergebnissen, Fachliteratur, Fachartikeln und anderen validen Quellen die Grundlagen für eine empirische Untersuchung zu entwickeln, um aus den Erkenntnissen und Analysen ein Kompetenzprofil für C-Level Führungskräfte in der hybriden Arbeitswelt der Digital Economy zu entwickeln.

Zu Beginn der Arbeit wurden Forschungsfragen formuliert, die in der Folge beantwortet werden.

1. **Welchen Einfluss hat die rasante Veränderung in den hybriden Arbeitswelten der Digital Economy auf die Führungskräfte im Digital Leadership?**

Durch die anhaltende Covid-19 Pandemie und der damit verbundenen Unsicherheit (VUCA) bedingt, zeigten sich in aktuellen Studien und Literaturbeiträgen die prägnanten Einwirkungen von Digitalisierung auf die Arbeitswelt durch fortschreitenden Einsatz von Tools zur Kommunikation und zum Projekt- und Wissensmanagement. Diese Entwicklungen wurden von den befragten Führungskräften in den Interviews bestätigt und in ihren Auswirkungen kommentiert. Dezidiert angesprochen wurden die Themen Digitalisierung von Prozessen, digitale Workflows, Remote Work und die extensive Nutzung von Communication- und Collaboration-Tools. Durch die hohen Quoten von Mitarbeiter*innen im Homeoffice traten neue Situationen und Herausforderungen für die Führungskräfte in Bezug auf Zusammenarbeit und Führung in virtuellen Umgebungen auf. Fehlende persönliche und soziale Kontakte mit den Mitarbeiter*innen sind mit klassischen Management- und Führungskonzepten nicht bewältigbar, wie auch die befragten Führungskräfte bestätigten.

2. **Sind sich die Führungskräfte der Veränderung durch**

die Digitalisierung in der Arbeitswelt und dem damit zusammenhängenden unvermeidbaren Wandel und der notwendigen Weiterentwicklung in ihrem Handeln bewusst?

Die Führungskräfte sind sich unisono den Veränderungen durch die Digitalisierung bewusst und haben die Notwendigkeit einer Weiterentwicklung in ihrem Handeln erkannt. In den Interviews wurden für die hybriden Arbeitswelten ein Bedarf an mehr Empathie und Einfühlungsvermögen, Respekt und hohe Wertvorstellungen, sowie das Vertrauen in die Mitarbeiter*innen und die Übergabe von Verantwortung und damit ein neuer Zugang zu Führung als wichtige Elemente angesprochen. Den Befragten war bewusst, dass sich die Ansätze der Managementmethoden von vorwiegend Zielvereinbarung (MbO) nun bedingt durch die virtuelle Zusammenarbeit zu mehr Delegation (MbD) und Ergebnisorientierung (MbR) verschieben.

3. Wie beschreiben die Führungskräfte ihr bisheriges Aufgaben- und Rollenprofil und wie lässt sich daraus ein Anforderungsprofil für das Führen 4.0 in der hybriden Arbeitswelt ableiten?

Aufgaben und Rollen der Führungskräfte in der anfangsdigitalen Arbeitswelt waren stärker mit klassischen Management- und Führungsaufgaben und mit Fach- und Methodenkompetenz in Verbindung zu bringen. Mit den hybriden Arbeitswelten in der Digital Economy verschieben sich die Anforderungen an das Führen in die Bereiche von Selbstkompetenz, Sozial- und Kommunikationskompetenz, sowie Digitalkompetenz. Aus den theoretischen Überlegungen und der empirischen Untersuchung konnte ein Anforderungsprofil für das Führen 4.0 in der hybriden Arbeitswelt abgeleitet werden. Das Anforderungsprofil beschreibt die wesentlichen Kompetenzen von Führungskräften in den Kompetenzklassen Selbstkompetenz, Sozial- und Kommunikationskompetenz, Fachkompetenz und Methoden- und Digitalkompetenz. Mit der vorliegenden Kompetenzmatrix haben Führungskräfte einen aktuellen Rahmen für die Entwicklung ihrer Fähigkeiten und Kenntnisse in Führung 4.0, um den Anforderungen der hybriden Arbeitswelt in der Digital Economy zu genügen.

3.2   ERGEBNISSE / DISKUSSION

Als wesentliche Erkenntnis ist zu nennen, dass es in Zeiten von Krisen und hohem Anteil an digitaler Zusammenarbeit für die wirksame Führung von Mitarbeiter*innen auf die Kompetenz von Führungskräften vor allem in den Kompetenzklassen Sozial- und Kommunikationskompetenz und Methoden- und Digitalkompetenz ankommt. Neben diesen ist noch die Selbstkompetenz mit den Elementen des Leadership zu nennen, um durch Resilienz und Vorbildwirkung den Geführten Stabilität und Sicherheit für ihre Aufgaben zu geben. Diese Erkenntnis ist durch die empirische Untersuchung mittels Leitfadeninterviews eindeutig belegbar und unterstützt.

Der Unterschied zu bisherigen Arbeiten ist in den veränderten Rahmenbedingungen in der Krise durch die Covid-19 Pandemie und den dadurch befeuerten Digitalisierungsbestrebungen, sowie in den hybriden Arbeitswelten zu finden. Neue Erkenntnisse sind jedenfalls in den geänderten Führungsvoraussetzungen, den Verschiebung zu Managementmethoden, die auf Delegation und Ergebnisorientierung setzen, und den damit geänderten Kompetenzanforderungen zu finden.

In der Praxis ergibt sich aus der Entwicklung der Kompetenzmatrix ein zeitgemäßer für die Führungskräfte nutzbarer Rahmen, um Kenntnisse und Fähigkeiten den Herausforderungen der Digital Economy anzupassen. Für den Einsatz der gewonnenen Erkenntnisse sprechen die Ansätze aus der Literatur zur Messung, Bewertung und Entwicklung von Kompetenzen vgl. (Erpenbeck & von Rosenstiel, 2007), (North, 2007), (Kauffeld, et al., 2007), (Kauffeld, et al., 2007) (Erpenbeck, 2007).

Zu den etablierten Modellen kann man aus den in dem empirischen Teil dieser Arbeit geführten Leitfadeninterviews mittels

Aussagen der Befragten für die Theorieentwicklung ableiten, dass sich die Gewichtung der Kompetenzen von Führungskräften durch die Einflüsse der Digitalisierung und hohe Remote Work Anteile verschiebt. Sozial- und Kommunikationskompetenz, sowie Methoden- und Digitalkompetenz zählen zu den meistgenannten Punkten der befragten Führungskräfte und treten für zukünftige Untersuchungen in den Vordergrund.

3.3   LIMITATIONEN

Mit der qualitativen Empirie werden zwar Erkenntnisse zur Führungsliteratur, sowie Aspekte mittels Interviewauswertung gewonnen, aber einschränkend ist zu nennen, dass sich die untersuchte Stichprobe auf C-Level Führungskräfte in österreichischen Unternehmen bezieht und die abgeleiteten Handlungsempfehlungen noch nicht in der Praxis umgesetzt worden sind.

Bei der Entwicklung der Kompetenzprofile wurde die Annahme getroffen, dass Führungskräfte mit langjähriger Führungserfahrung in C-Level Positionen in der Lage sind, den Bedarf an Kompetenzen, die von Bedeutung sind, abschätzen zu können. Die Ergebnisse sind dafür nicht repräsentativ, da 5 Befragte im Alterssegment über 50 Jahre und 4 Befragte im Alter zwischen 40 – 50 Jahren waren und nur zwei der neun Befragten Frauen waren. Somit kann keine Aussage über jüngere Führungskräfte in ähnlichen Positionen getroffen werden.

3.4 ANSCHLUSSMÖGLICHKEITEN FÜR FOLGEARBEITEN

Weitere Erkenntnisse in zukünftigen Studien lassen sich in einer quantitativen Untersuchung mit einem ausreichenden Datensatz gewinnen und können die erzielten Ergebnisse und deren Übertragbarkeit auf andere Alterssegmente oder Länder über eine statistische Auswertung auf Gültigkeit prüfen. Ebenso sind weitere Untersuchungen mit qualitativem Ansatz im Themengebiet der Kompetenzen von Führungskräften zur Gewinnung von weiteren Erkenntnissen möglich.

3.5   SCHLUSSFOLGERUNG

Wie das Weltwirtschaftsforum für die Zukunft prognostiziert, führt das Zusammenspiel von Krisen, Pandemien und gesellschaftlichen Umbrüchen kombiniert mit der voranschreitenden Digitalisierung zu einer massiven Disruption in der Arbeitswelt. Wirtschaftlicher Abschwung und dadurch verstärkter Technologieeinsatz übt starken Druck auf die Arbeitsplätze und damit auf die Mitarbeiter*innen aus vgl. (World Economic Forum, 2020).

Von den Krisen beschleunigt setzen sich New Work-Modelle rascher durch und die damit verbundene Digitalisierung erfordert neue Arbeitsstrukturen vgl. (Zukunftsinstitut, 2021).

Wie es die Befragte B4 gut zusammenfasst, stehen wir noch am Anfang einer Entwicklung, die uns länger begleiten wird: „Von den Trends ist es ja ganz klar, dass das in ein digitales Zeitalter geht. Ich würde noch nicht einmal sagen, dass wir schon drinnen sind. Ich glaube, das ist noch der Beginn und dass wir noch keine Ahnung haben, was digital wirklich bedeuten kann. Also, ich glaube, da stehen wir wirklich in den Anfängen. So wie das Industriezeitalter ja auch über Jahrzehnte lang gegangen ist, ja und jetzt langsam eher ein Ende findet und von der Digitalen übernommen wird."

Die Veränderung der Arbeitsstrukturen durch virtuelle Zusammenarbeit, Remote Work und Homeoffice wiederrum erfordern andere Führungs- und Managementmodelle, sowie weiterführend andere Ansätze der Führungskräfte für Führung 4.0 in der Digital Economy. Befragte B4 hat auch zu dieser Thematik eine passende Aussage getroffen: „Also, die Führung ist bestimmt ein komplexes Thema, wohin es gehen kann. Mit dem Hybriden ist es aber, glaube ich, ganz wichtig in der Führung und es wird eine der wichtigsten Kompetenzen werden, Vertrauen zu haben."

Die vorliegende Studie hat gezeigt, dass schon jetzt in der Führungspraxis damit begonnen wird, den Veränderungen Rechnung
zu tragen, indem andere Managementmethoden eingesetzt werden und es zu einer Verschiebung in den Kernkompetenzen für
Führungskräfte kommt. Somit ist die entwickelte Kompetenzmatrix mit den angeschlossenen Handlungsempfehlungen für Führungskräfte ein wesentlicher Anhaltspunkt, um Leitlinien für die
eigene Entwicklung zu haben und mit diesen den Anforderungen
der Zukunft besser gewachsen zu sein.

4 LITERATURVERZEICHNIS

Accenture Österreich, 2020. *Accenture.* [Online]
Available at: https://www.accenture.com/at-de/insights/consulting/coronavirus-digitalisierung-konjunktur-krise
[Zugriff am 30 11 2021].

ADP Research, 2020. *www.adp.com.* [Online]
Available at: https://www.adp.com/-/media/adp/resourcehub/pdf/adpri/illuminating-the-shadow-workforce-by-adp-research-institute.ashx
[Zugriff am 2 12 2021].

Amann, E. G., 2019. *Resilienz.* 3 Hrsg. Freiburg: Haufe-Lexware GmbH& Co KG.

Annan, K., 2015. *kofiannanfoundation.org.* [Online]
Available at: https://www.kofiannanfoundation.org/annan-work/how-technology-can-improve-the-state-of-the-world/
[Zugriff am 30 11 2021].

Barber, H. F., 1992. Developing Strategic Leadership: The US Army War College Experience. *Journal of Management Development Vol. 11 No. 6*, 6, pp. 4-12.

Becker, J. H. & Pastoors, S., 2019. *Führungskompetenz.* 1 Hrsg. Berlin: Springer-Verlag.

Bennis, W. & Nanus, B., 2003. *Leaders - Strategies for taking charge.* 2 Hrsg. New York: Harper Collins Publisher Inc..

Bitglass, 2021. *bitjglass.com BYOD Security Report.* [Online]
Available at: https://pages.bitglass.com/rs/418-ZAL-815/images/CDFY21Q2BYOD2021.pdf?
aliId=eyJpIjoiRUI1cWo0NVdaZGozTTRKUyIsInQiOiJJbmhVVlYrclUydEk4TW53SDFwSXpnPT0ifQ%253D%253D
[Zugriff am 2 12 2021].

Blake, R. R. & Adams McCanse, A., 1992. *Das GRID - Führungsmodell.* 1 Hrsg. Düsseldorf Wien New York Moskau: ECON Verlag.

Böhm, W., 2020. *Zeitarbeit - Fremdvergabe - agiles Projektmanage-*

ment. Stuttgart: Schäfer-Poeschel Verlag.

Brynjolfsson, E. & McAfee, A., 2014. *The Second Machine Age.* 1 Hrsg. Kulmbach: Börsenmedien AG.

Bull, Red, 2022. *Wingfinder.* [Online]
Available at: https://www.redbull.com/de-de/wingfinder
[Zugriff am 1 3 2022].

Bundesministerium für Digitalisierung und Wirtschaftsstandort, 2021. *fit4internet.* [Online]
Available at: https://www.fit4internet.at/
[Zugriff am 1 3 2022].

BWL Lexikon, 2021. *BWL Lexikon.* [Online]
Available at: https://www.bwl-lexikon.de/wiki/management-by-systems/
[Zugriff am 30 3 2021].

Cole, T., 2017. *Digitale Transformation: Warum die deutsche Wirtschaft gerade die digitale Zukunft verschläft und was jetzt getan werden muss!.* 2 Hrsg. München: Verlag Franz Vahlen.

Comteamgroup, 2020. *comteamgroup CT Studie 2020 Ergebnisbericht.* [Online]
Available at: https://comteamgroup.com/fileadmin/contents/comteamgroup/Services/Studien/CT_Studie_2020_Ergebnisbericht.pdf
[Zugriff am 6 12 2021].

Creusen, U., Gall, B. & Hackl, O., 2017. *Digital Leadership Führung in Zeiten des digitalen Wandels.* 1 Hrsg. Wiesbaden: Springer Gabler.

Deloitte, 2020. *Deloitte 2020 Global Technology Leadership Study.* [Online]
Available at: https://www2.deloitte.com/de/de/pages/enterprise-performance/articles/global-technology-leadership-study-2020.html
[Zugriff am 30 11 2021].

Deloitte, 2020. *www2.deloitte.com.* [Online]
Available at: https://www2.deloitte.com/us/en/insights/focus/cognitive-technologies/state-of-ai-and-intelligent-automation-in-business-survey.html
[Zugriff am 8 11 2021].

Dillerup, R. & Stoi, R., 2016. *Unternehmensführung Management & Leadership.* 5 Hrsg. München: Verlag Franz Vahlen GmbH.

Dillerup, R. & Stoi, R., 2016. *Unternehmensführung Management& Leadership.* 5 Hrsg. München: Verlag Franz Vahlen.

Donahue, W. E., 2018. *Building Leadership Competence.* 1 Hrsg. Pennsylvania, USA: Centrestar Learning.

Dresing, T. & Pehl, T., 2018. *Praxisbuch Interview, Transkription & Analyse.* 8 Hrsg. Marburg: Eigenverlag dr. dresing&pehl GmbH.

Drucker, P. F., 2000. *Die Kunst des Managements.* 1 Hrsg. München: Econ Ullstein List Verlag.

Erpenbeck, J., 2007. *KODE - Kompetenz-Diagnostik und -Entwicklung.* 1 Hrsg. Stuttgart: Schäffer-Poeschel.

Erpenbeck, J. & von Rosenstiel, L., 2007. *Handbuch Kompetenzmessung.* 2 Hrsg. Stuttgart: Schäffer-Poeschel Verlag.

Europäische Kommission - Index für die digitale Wirtschaft und Gesellschaft (DESI), 2021. *digital-strategy.ec.europa.eu.* [Online]
Available at: https://ec.europa.eu/newsroom/dae/redirection/document/80575
[Zugriff am 2021 11 29].

Europäische Kommission Index für die digitale Wirtschaft und Gesellschaft (DESI), 2020. *ec.europa.eu.* [Online]
Available at: https://ec.europa.eu/commission/presscorner/api/files/document/print/de/qanda_20_1022/QANDA_20_1022_DE.pdf
[Zugriff am 29 11 2021].

European Union, 2021. *europass digitalskills.* [Online]
Available at: https://europa.eu/europass/digitalskills/screen/home?referrer=epass&route=%2Fen
[Zugriff am 1 3 2022].

EY etventure, 2021. *etventure.de digitale transformation.* [Online]
Available at: https://www.etventure.de/digitale-transformation/
[Zugriff am 6 12 2021].

Fraunhofer IAO, 2020. *fraunhofer.de homeoffice experience.* [Online]
Available at: https://publica.fraunhofer.de/eprints/urn_nbn_de_0011-n-6055969.pdf

[Zugriff am 6 12 2021].

Gartner, 2020. *www.gartner.com.* [Online]
Available at: https://www.gartner.com/en/newsroom/press-re-leases/2020-04-14-gartner-hr-survey-reveals-41--of-employees-likely-to-#:~:text=%E2%80%9CWhile%2030%25%20of%20em-ployees%20surveyed,for%20the%20Gartner%20HR%20prac-tice.
[Zugriff am 9 11 2021].

Gläser, J. & Laudel, G., 2009. *Experteninterviews und qualitative Inhaltsanalyse.* 3 Hrsg. Wiesbaden: VS Verlag für Sozialwissenschaften.

Harvard Business Review, 2014. *hbr.org.* [Online]
Available at: https://hbr.org/2014/01/what-vuca-really-means-for-you
[Zugriff am 25 11 2021].

Helfferich, C., 2019. Leitfaden- und Experteninterviews. In: N. Baur & J. Blasius, Hrsg. *Handbuch Methoden der empirischen Sozialforschung.* Wiesbaden: Springer Fachmedien Wiesbaden GmbH, pp. 669-686.

Hersey, P. & Blanchard, K. H., 1982. *Management and organizational behavior: Utilizing human resources.* 4 Hrsg. Englewood Cliffs: Prentice Hall.

Hofmann, J., Piele, A. & Piele, C., 2019. *fraunhofer.de.* [Online]
Available at: https://publica.fraunhofer.de/eprints/ur-n_nbn_de_0011-n-5436648.pdf
[Zugriff am 6 12 2021].

Hofmann, L. M. & Regnet , E., 2020. *Digitale Führungung und Zusammenarbeit.* 8 Hrsg. Stuttgart: Schäffer-Poeschl Verlag.

Hungenberg, H. & Wulf, T., 2015. *Grundlagen der Unternehmensführung.* 5 Hrsg. Berlin Heidelberg: Springer-Verlag.

Hungenberg, H. & Wulf, T., 2015. *Grundlagen der Unternehmensführung.* 5 Hrsg. Berlin: Springer-Verlag.

IDC FutureScape, 2021. *IDC FutureScape.* [Online]
Available at: https://cdn.idc.com/getdoc.jsp?containerId=prUS48395221
[Zugriff am 1 11 2021].

IDC International Data Corporation, 2021. *IDC Media Center.* [Online]
Available at: https://cdn.idc.com/getdoc.jsp?containerId=prEUR147474721
[Zugriff am 1 12 2021].

Informationsdienst des Instituts der deutschen Wirtschaft, 2019. *iwd.* [Online]
Available at: https://www.iwd.de/artikel/datenmenge-explodiert-431851/
[Zugriff am 21 11 2021].

Initiative Neue Qualität der Arbeit - INQA BMAS Deutschland, 2014. *INQA.* [Online]
Available at: https://www.inqa.de/SharedDocs/downloads/fuehrungskultur-im-wandel.pdf?__blob=publicationFile&v=2
[Zugriff am 18 10 2021].

Journal of Theoretical and Appliied Information Technology, 2020. *jatit.org.* [Online]
Available at: https://www.jatit.org/volumes/Vol98No6/2Vol98No6.pdf
[Zugriff am 6 12 2021].

Kauffeld, S., Grote, S. & Frieling, E., 2007. *Das Kasseler-Kompetenz-Raster (KKR).* 2 Hrsg. Stuttgart: Schäffer-Poeschel Verlag.

Kauffeld, S., Grote, S. & Henschel, A., 2007. *Das Kompetenz-Reflexions-Inventar (KRI).* 2 Hrsg. Stuttgart: Schäffer-Poeschel Verlag.

Kienbaum&StepStone Leadership Survey 2018, 2018. *Stepstone.* [Online]
Available at: https://www.stepstone.de/ueber-stepstone/wp-content/uploads/2018/08/Kienbaum-StepStone_Die-Kunst-des-F%C3%BChrens-in-der-digitalen-Revolution_Webversion.pdf
[Zugriff am 30 11 2021].

Kotter, J. P., 2015. *Leading Change.* 1 Hrsg. München: Verlag Franz Vahlen GmbH.

Kuckartz, U. & Rädiker, S., 2020. *Fokussierte Interviewanalyse mit MAXQDA.* 1 Hrsg. Wiesbaden: Springer Fachmedien.

Lender, P., 2019. *Digitalisierung klargemacht.* 1 Hrsg. Freiburg: Haufe-Lexware GmbH & Co. KG.

Liebermeister, B. & Merke, P., 2019. *IFIDZ Meta Studie 2019 Führungskompetenzen im digitalen Zeitalter.* [Online]
Available at: https://www.hrweb.at/2019/08/fuehrung-digitale/
[Zugriff am 2021 12 27].

Malik, F., 2019. *Führen Leisten Leben.* 1 Hrsg. Frankfurt am Main: Campus Verlag.

Mayring, P., 2015. *Qualitative Inhaltsanalyse.* 12 Hrsg. Weinheim Basel: Beltz Verlag.

Mayring, P., 2016. *Einführung in die qualitative Sozialforschung.* 6 Hrsg. Weinheim Basel: Beltz Verlag.

Mayring, P. & Fenzl, T., 2014. *QCAmap a software for Qualitative Content Analysis.* [Online]
Available at: https://www.qcamap.org/ui/home
[Zugriff am 22 10 2021].

Mayring, P. & Fenzl, T., 2019. *Qualitative Inhaltsanalyse.* 2 Hrsg. Wiesbaden: Springer Fachmedien.

Nesch, S., 2020. *Führen mit Wert und Verstand.* 1 Hrsg. Freiburg: Haufe-Lexware GmbH & Co. KG.

North, K., 2007. *Kompetenzrad und Kompetenzmatrix.* 2 Hrsg. Stuttgart: Schäffer-Poeschl Verlag.

Petry, T. et al., 2019. *Digital Leadership.* 2 Hrsg. Freiburg: Haufe-Lexware GmbH&CoKG.

Picot, A., Reichwald, R. & Wigand, R. T., 2001. *Die grenzenlose Unternehmeung Information, Organisation und Management.* 4 Hrsg. Wiesbaden: Dr. Th. Gabler Verlag.

Porst, R., 2019. *Frageformulierung.* 2 Hrsg. Wiesbaden: Springer Fachmedien.

Przyborski, A. & Wohlrab-Sahr, M., 2019. *Forschungsdesigns für die qualitative Sozialforschung.* 2 Hrsg. Wiesbaden: Springer Fachmedien.

Rädiker, S. & Kuckartz, U., 2019. *Analyse qualitativer Daten mit MAXQDA.* 1 Hrsg. Wiesbaden: Springer Fachmedien.

Rädiker, S. & Kuckartz, U., 2019. *Analyse qualitativer Daten mit MAXQDA.* 1 Hrsg. Wiesbaden: Springer Fachmedien.

Regnet, E., 2020. *Der Weg in die Zukunft - Anforderungen an die Führungskraft.* 1 Hrsg. Stuttgart: Schöffer-Poeschel Verlag.

Rump, J., 2018. *Kompetenzen der Zukunft - Arbeit 2030.* Freiburg: Haufe Lexware Verlag.

Rump, J. & Eilers, S., 2017. *Auf dem Weg zur Arbeit 4.0.* 1 Hrsg. Berlin Heidelberg: Springer Verlag.

Rump, J., Zapp, D. & Eilers, S., 2017. *Erfolgsformel: Arbeiten 4.0 und Führung 4.0.* 1 Hrsg. Ludwigshafen: Institut für Beschäftigung und Employability IBE.

Rump, J., Zapp, D. & Eilers, S., 2017. *ibe-ludwigshafen.* [Online]
Available at: https://www.ibe-ludwigshafen.de/download/arbeitsschwerpunkte-downloads/digitalisierung/Erfolgsformel-Arbeiten-4.0-und-FuCC88hrung-4.0_NEU_2.pdf
[Zugriff am 6 12 2021].

Sandberg, B., 2013. *Wissenschaftlich Arbeiten von Abbildung bis Zitat.* 2 Hrsg. München: Oldenbourg Wisschenschaftsverlag.

Simon, W., 2006. *Gabals großer Methodenkoffer Führung und Zusammenarbeit.* 4 Hrsg. Offenbach: Gabal Verlag.

Sonntag, K., 2007. *Kompetenzmodell im Human Resource (HR-) Management.* 6 Hrsg. Kassel: Kassel University Press.

Statistik Austria, 2008. *Systematik der Wirtschaftstätigkeiten.* [Online]
Available at: https://www.statistik.at/wcm/idc/idcplg?IdcService=GET_NATIVE_FILE&RevisionSelectionMethod=LatestReleased&dDocName=034223
[Zugriff am 28 2 2022].

Steyrer, J., 2015. *Theorie der Führung.* 5 Hrsg. Wien: Linde International.

Stöger, R., 2019. *Digitalisierung umsetzen: Veränderungfähigkeit, Professionalität, Wirksamkeit.* 1 Hrsg. Freiburg: Schäffer-Poeschel Verlag.

Tank, S., 2015. *Digital Wiki.* [Online]
Available at: http://www.digitalwiki.de/digitale-transformation/
[Zugriff am 25 11 2021].

von Rosenstiel, L. & Nerdinger, F. W., 2020. *Führung von Mitarbeitern.* 8 Hrsg. Hamburg München: Schäffer-Poeschel Verlag für Wirtschaft.

Wagner, D. J., 2017. *Digital Leadership: Kompetenzen - Führungs-*

verhalten - Umsetzungsempfehlungen. 1 Hrsg. Wiesbaden: Springer Fachmedien.

Wifi Wien Blog, 2021. *blog.wifiwien.at.* [Online]
Available at: https://blog.wifiwien.at/2021/07/23/erfolgreich-von-vuca-nach-ssee/
[Zugriff am 25 11 2021].

World Economic Forum, 2018. *weforum.org Futur of Jobs 2018.* [Online]
Available at: https://www3.weforum.org/docs/WEF_Future_of_Jobs_2018.pdf
[Zugriff am 2 12 2021].

World Economic Forum, 2020. *weformum.org Future of Jobs 2020.* [Online]
Available at: https://www3.weforum.org/docs/WEF_Future_of_Jobs_2020.pdf
[Zugriff am 2 12 2021].

World Economic Forum, 2020. *weforum.org.* [Online]
Available at: https://www3.weforum.org/docs/WEF_Digital_Transformation_Powering_the_Great_Reset_2020.pdf
[Zugriff am 29 11 2021].

Yukl, G., 2013. *Leadership in Organizations.* 8 Hrsg. New Jersey: Pearson.

Z Punkt, 2020. *z-punkt.de Megatrends.* [Online]
Available at: https://z-punkt.de/uploads/default/WEB1_ZP_Megatrends_A5.pdf
[Zugriff am 7 12 2021].

Zukunftsinstitut, 2021. *zukunftsinstitut.de.* [Online]
Available at: https://www.zukunftsinstitut.de/dossier/megatrend-new-work/
[Zugriff am 2 12 2021].

ANHANG
Abkürzungsverzeichnis

Abb.	Abbildung
AI	künstliche Intelligenz
B	Interviewpartner / Befragte
BI	Business Intelligence
BMDW	Bundesministerium Digitalisierung und Wirtschaftsstandort
BYOD	Bring Your Own Device
CAQDAS	assisted qualitative data analysis software
C-Level	Chief of – oberste Führungsebene
COVID-19	coronavirus disease 2019
etc.	et cetera
EU	Europäische Union
FOMO	Fear of Missing Out
G2000	Forbes Global 2000 Unternehmen
Gen Y	Generation Y
Gen Z	Generation Z
IDC	International Data Corporation
IFIDZ	Institut für Führung im digitalen Zeitalter
IKT	Informations- und Kommunikationstechnologie
IT	Informationstechnologie
KMU	Kleine und mittlere Unternehmen
LTE	Long Term Evolution
MbD	Management by Delegation
MbE	Management by Exception
MbO	Management by Objectives
MbR	Management by Results
MbS	Management by Systems
MIT	Massachusetts Institute of Technology
ML	maschinelles Lernen

SMAC	Social Mobile Analytics Cloud
Tab.	Tabelle
UN	United Nations
vgl.	vergleiche
VUCA	volatility uncertainty complexity ambiguity
WLan	Wireless Local Area Aetwork
z.B.	zum Beispiel
5G	5. Mobilfunk Generation

Abbildungsverzeichnis

Abbildung 1: Das Grid – Verhaltensgitter, Quelle: (Blake & Adams McCanse, 1992, p. 51)

Abbildung 2: Definition Kompetenzen, Quelle: (Erpenbeck & von Rosenstiel, 2007, p. XII)

Abbildung 3: Struktur empirischer sozialwissenschaftlicher Forschungsprozesse, Quelle: (Gläser & Laudel, 2009, p. 33)

Abbildung 4: Ablaufmodell Leitfadeninterview, Quelle: (Mayring, 2016, p. 71)

Abbildung 5: Themenblöcke Leitfaden, eigene Darstellung

Abbildung 6: Codesystem grafisch, eigene Darstellung

Tabellenverzeichnis

Tabelle 1: Überblick über die Megatrends, in Anlehnung an (Rump & Eilers, 2017, p. 7)

Tabelle 2: Führung in alten und neuen Strukturen, Quelle: in Anlehnung an (Hofmann & Regnet , 2020, p. 765)

Tabelle 3: Die Digitalisierung als Motor für Transformation, Quelle (Stöger, 2019, pp. 24-25)

Tabelle 4: Gegenüberstellung von Management und Leadership, Quelle: in Anlehnung an (Dillerup & Stoi, 2016, p. 682).

Tabelle 5: Zukunftsmodell für Führung im 21. Jahrhundert, Quelle: in Anlehnung an (Bennis & Nanus, 2003, pp. 216-217)

Tabelle 6: Profil der Befragten, eigene Darstellung

Tabelle 7: Codesystem tabellarisch, eigene Darstellung

ÜBER DEN AUTOR

Andreas Purkarthofer

Er hat langjährige Erfahrung in verschiedenen Führungspositionen in Konzernen, eigentümergeführten Unternehmen und einer Genossenschaft.

Seine Funktionen waren bisher Geschäftsführer (CEO), Bereichsleiter (CFO/CIO), jeweils mit P&L sowie Führungsverantwortung, sowie Unternehmensberater und Interim Manager in Industrie, Handel und Dienstleistung.

Purkarthofer ist auch Gründer von einem Ingenieurbüro für Informatik sowie einer Unternehmensberatung die sich hauptsächlich mit dem Themen Business Analyse, digitale Transformation, Organisationsentwicklung und Change-Management befassen.

ISBN 978-3-200-08384-4

9 783200 083844

Printed in Poland
by Amazon Fulfillment
Poland Sp. z o.o., Wrocław

88920229R00069